# 拜佛禪

# Chan *in* Prostrating *to the* Buddha

釋繼程——著
釋常慧——編

# 〔自序〕拜佛禪

禮拜以敬自深心
諸佛感應難思議
修禪觀空泯能所
開悟無心拜佛禪

自序拜佛禪

庚子七月十三 二〇二〇年馬來西亞
國慶日（八月三十一日）

太平徒程淑題

# 目錄

## 〈第四篇〉禪悅自在（二〇一九年六月十三日至二十五日　僧眾結夏・禪十四）　229

〈第一篇〉

# 一心禮敬

（二〇一五年六月十二日至二十四日　僧眾結夏・禪十四）

# 清明覺照

禪修的時候
止靜中用功
是我們用方法的中心
是一種內攝和內觀的過程
可是在我們整體的生活裡
動態的時間
還是占了大部分
甚至禪修課程進行的時候
有很多動態的生活
內攝和內觀

幫助我們
讓心的安定和覺照的作用
能夠更好地更自然地運作
但是
只有在止靜中
能夠發揮安定和覺照的話
動態的生活卻不能做到
那我們用功的時間
就只有在止靜中

所以我們也要能夠
把安定清明的工夫
運用到動態中
所以禪堂的運作
必須包括動態中的用功

禮拜
是一個很好的方法
一方面是動作比較簡單
但也是全身的運動
在禮拜的時候
心比較容易維持正念
因為會以恭敬虔誠的心
來禮拜

---

這時候的心也能夠內攝

但是
因為是動態的
所以沒有一個固定的所緣境
全身的動作
就成為我們所緣的
所要觀察的

在禮拜的時候
我們的心覺照的
是整個身體在禮拜過程中的
每一個階段
每一個動作

開始的時候
心比較粗比較散
可能只能夠覺照到
一些比較大比較粗的動作
分段地觀察

用功的過程中
心一直保持清明地覺照
為了讓覺照的心
更清明敏銳
就必須專注在動作上
心收攝得比較好的時候
對動作就會愈來愈清楚
一些細微的

甚至平時沒有覺察的動作
在不斷練習的過程中
慢慢地也會覺察到

初學的時候
因為我們的動作很粗
有時候也禮拜得太快
不容易覺察細微的動作
所以先調身放鬆
然後把動作放慢一點
動作在放慢的時候
心在作意這個動作時
就比較能夠清楚地照見

開始時
覺得心和身有距離
因為我們用心去觀身體
身體的動作
不管是粗還是細
心在觀的時候
比較像是看著它
看著動作

看著身體的心比較粗
只能夠看到比較大的動作
慢慢地調
發現能夠看到比較細微
甚至非常細的動作的時候

就會感覺
你的心跟身體
愈來愈貼近

一方面是身體更放鬆了
身體的動作
也更柔軟更調和
調心的工夫
也一樣地放鬆　調和　清明
漸漸地與身體貼近了
發覺到
身體的調和
心的調和
都漸漸地往更安定的工夫調上去

如果發覺到
自己在禮拜的時候
每個動作
心不只是清楚地照見
在動作的時候
心就完全在這個動作上
心和身
慢慢地會統一

這是一種動態的用功
從粗到細
工夫用得好的時候
不管自己的動作快還是慢
大還是小
都是清清楚楚地
知道心
能夠在身體動作的每一個當下
都了了分明的時候
就是一種正念

動態中
要持續地保持用功
但是
動態中的用功
不像止靜時
有一個安定
能夠讓我們專注的所緣境
所以會偏止和專注的工夫

動態的時候
因為全身都在動了
所緣境必須是一個整體
但是
又需要很清楚的時候
就要透過覺照的工夫
所以比較偏觀照

透過覺照和觀照的方法
讓心能夠安止下來
當然也知道
為了要更清楚地觀照和覺照
心就必須要專注在每個動作上
不是靜態的
而是在動態中
一樣可以做到專注和覺照

如果發現自己的心
還是比較粗比較散
那就在調身上用方法
就是放慢你的動作
引磬在引導是一般的速度
如果你覺得需要調得更細
你可以把動作放得更慢

整體上
可以配合引磬的節奏
但是你可以放得更慢些

不要太快
不要快過引磬的節奏

動態中調和的身心
就用靜態的方法
在止靜中
把它收攝得更好更安定

把蒲團和坐墊放好
把姿勢調好
把心收回來

放鬆
慢慢地把方法用上去

# 虔誠恭敬

我們常說
敬之以禮　禮之以敬
禮和敬　敬和禮
經常是結合的
普賢十大願
也提到禮敬諸佛

禮是一種儀式
敬是一種心理
在儀式和心理之間

要把它連貫起來

禮的儀式
是一個形式
一種外在的行為
敬是一種心理
心理的狀態
兩者之間可以分開
但是
我們需要把它連貫起來

我們尊敬一個人的時候
對他就會有適當的行動——禮
我們在執行禮儀的時候
有沒有包含內在的品質
就是一種尊敬

禮拜是一種方式
尤其宗教特別重視
每個宗教都有禮拜的方式
所禮拜的
是我們信仰和尊敬的對象
東方的禮儀中
我們對前輩乃至師長
有一些也有禮拜的方式

我們經常拜佛
在佛教中
這已經是一個很普遍
而且每天都要執行的功課
也有一些人把禮拜
當作每天修行的必修課程
禪修的時候
我們也重視禮拜的修行方法
所以我們現在
用禮拜的方式來用功

有一些同學
發現自己的心
比較躁或者比較疲累

不能用坐的方式用功的時候
也會希望透過禮拜的方法
幫助自己調心

信願法門中
更是重視禮拜的儀軌
尤其在拜懺的時候
有禮拜諸佛
有禮拜八十八佛
千佛乃至萬佛
可見在我們的修行上
這是很重要的一個法門
最基礎的

我們進到佛堂要三個禮拜
見到師長
也一樣要表達我們的尊敬
所以我們很多人都會用這個法門
用功修行

在禪堂禮拜的時候
特別重視用比較慢動作的方法
一方面
固然讓我們能夠比較清楚地覺照
專注在動作上
配合禪修法門的運作
更重要更深一層的
在這個過程中

可以往內心去觀察
我們在禮拜的時候
這禮拜的儀軌
必須具備內在的品質
也就是我們內心應有的態度
就是這一份虔誠恭敬的心
在我們禮拜的時候
有沒有真正地在內心裡
具足充實

禮
必須要敬

我們有時候會發現
在設計功課時
把它變成了常課
每天
每段時間
每一個固定的場合
需要應用的一種儀式

每天都在做了
每次固定的場合都要進行
慢慢地它就變成一種慣性
每次在做的時候
我們就習慣性地去運作它

尤其是有一些常課
是被規定的
我們要完成這個功課
就必須去做
某種程度上
有一點點外在的被迫的感覺
所以在做的時候
心裡可能就會有某種抗拒
在進行的時候
可能這份應有的
虔誠和恭敬的心
就不在了
如果是這樣的話
禮就變成是一個形式

我們只是像機器
慣性地運作它

如果出現這樣的狀況
我們在比較慢動作的禮拜中
就會審察到
如果發現自己有這種狀態的話
就需要適當地調整

在用功修行時
用功的品質
比用功的數量來得重要
甚至我們打坐
如果你坐的時間很長

可是都在昏昧中
或是在打妄念中
雖然坐得很長
可是它的品質不高

如果我們十分用心地
能夠把方法提起來
可能坐的時間沒有那麼長
可是做功課的時候
用心用得比較深
用功的品質比較高

禮佛也是一樣
慢慢拜下去的時候

細心地覺照專注整個的動作
再往內攝
觀照自己的心
在進行這個儀軌的時候
是不是發自內心
很虔誠很恭敬

每一次的禮拜
心
都是很虔誠很恭敬
很自然地
你的動作就會很柔和
因為心很虔誠很恭敬的時候
一定是柔軟的

甚至可以直覺的
與佛菩薩的心相應
與所禮拜對象的心相應

發現自己的動作
比較粗比較散
那就從形式上做適當的調和
發覺自己的心
比較粗比較散
那就從自己的心去調柔

禮拜的儀式
就是要幫助我們
通過外在的形式

貫通到我們的內心
能夠從事進入到理
從相進入到內心
如果我們的心
經常如此調和
對我們的禪修
會有很大的幫助

心
比較躁比較昏昧
用不上工夫
用禮拜的方法
借著身體禮拜的動作
慢慢地把心

收回到對身體動作的覺照和專注
再深入地去調和我們的心
慢慢地
心安定下來
我們再上座用功
會發覺到
工夫慢慢地就可以用上去

我們要善用各種修行的
方便善巧
還有它所具有的
比較內在的涵義
我們的禪修
才能夠比較完整

才能夠相互地貫通

拜佛的時候
要真正地去拜
去進行一種
很虔誠恭敬的儀軌
來調我們的身心

# 禮敬一致

禮而不敬就是無禮
敬而不禮就是不敬
禮和敬應該是一致的
也就是
內和外是沒有分開的
外在顯示出來的是禮
內心所具的是敬
內外一致
身心才統一

心具有敬
就自然地會以禮來表達
身在顯示禮的時候
心也一定是敬的
禮敬諸佛
就包含了內和外　心和身
敬和禮
是統一的
如此的修行
才是直心的

直接從清淨的自性流露

每一次的禮拜
都包含了這樣的修行
用功和用心
是一種提醒
但是
用功的時候
我們也很自然地去體會
體會我們在用這個方法的時候
身和心　外和內　禮和敬
是怎樣的一致
一體的運作

如果
能夠直心地去體會
禮敬的一體
在禮敬外在的諸佛時
漸漸地
你更能夠往內更深地體會到
我們是藉著對外在諸佛的禮敬
真實的在
禮敬我們自性清淨的佛
你就會體會到
禮和敬
尤其是禮
外在的一種禮儀
那是對外在的諸佛

或者是我們崇敬的對象
表達的一種方式
其實這是因為
我們尊敬自性清淨的佛
在表達的時候
借用了外在的對象
假如我們不懂得尊敬
內在自性清淨的佛
外在的諸佛對我們而言
如同虛設

迷而不悟的心
會對外去攀附追逐
所以要假借外緣

不斷地用功
但用心的修行中
更需要真正地內觀返照
從清淨的自性
去體會敬和禮
我們的禮才是真正的敬
我們的敬才能有真正的禮

禮敬中　由外而內
敬禮中　由內而外
能夠達到由迷而悟
那才是我們禮敬
最深的意義
最深的作用

# 方法層次

真能做到禮敬一致的時候
不只是在拜佛
或者禮敬聖者
也包括我們的老師
我們要禮敬一致

當我們的工夫用上時
很自然地
我們的身心就有了一致的禮敬
最內在的是尊敬自己

所以會自然地流露出一種禮儀
在應對任何外境的時候
包括與其他人相處互動的時候
也能夠以適當的禮儀相互對待
而且發自內心
有一種恭敬的態度
也就是在日常生活中
很自然地
就會流露出來

借用禮拜的方法
是因為這個儀軌
很直接地就讓我們
可以傳達虔誠恭敬的心
因為在禮拜的時候
以諸佛菩薩　聖者　祖師
還有我們的老師
做為禮拜的對象
這是一種善巧
雖然
只是一種善巧
我們在應用的時候
是不是就能夠漸漸做到
在禮拜的時候

真正是身心恭敬我們所禮拜的對象

另一方面
禮和敬要能夠一致
也就是外和內
身和心也是一致的
所以用這個方法時
如果能夠用到身心統一
默照同時
就能夠做到
禮和敬的一致

回到我們的方法
我們的身體

開始比較粗比較散
有時會覺得比較濁重
禮拜的時候
動作可能也比較散比較粗
也常常懸有很多的雜念
內和外都還不具足敬和禮
但是我們在練習
在學習在用功
把比較粗比較散的身體
收攝回來

在禮拜的時候放鬆
把禮拜的速度稍微放慢
讓這個動作更加柔和

身體放鬆動作柔和的時候
就會感覺身體比較輕安

心
完全放在動作上
清楚地覺照
用心地專注
每一個動作
從粗到細
每一個過程
都讓它清楚

心
完全專注在動作上

身體慢了
我們的心
也放慢下來

過程中
要能夠練習怎麼去放鬆
去調和
從比較大動作的覺察
到比較細微動作的覺照
心就愈來愈貼近動作
直到心和動作是一致的
能夠做到心和身的一致
就會發覺這個時候

---

不管身體處在什麼狀態
即使動作比較快了
心的覺照和專注的作用
還是清清楚楚
安安定定的

方法用上了
工夫就連貫持續
但心不能急
不急著要趕快地做到
而是回到當下的
身心狀態　身心因緣
去用方法
所以需要把自己的

身體放得鬆
動作調得慢
就順著自己當下的狀態來調
但是內攝的心
還是時時地照見
身體的每一個過程
每一個動作
從粗到細

慢慢地拜
清清楚楚地拜
拜下去了
還沒有起來
也是清清楚楚地

起來的時候
也是慢慢地起來
也是清清楚楚地起來
站穩了
心繼續
清清楚楚地
照見自己的全身

# 只管禮拜

在禮拜的時候
心要簡化到
只有禮拜
雜念妄念全都放下
只有很簡單的心
跟著身體
就是禮拜
只管禮拜
自心清淨

一念覺　一念悟
就是清淨的自性　自心
自然地流露

自心　平常心
就是簡單的心
就是在當下的因緣裡
做當下的事
所以禮拜的時候
當下就是禮拜

身體在禮拜
心也在禮拜
只管禮拜
就是這麼簡單直接
平常清淨

能當下一念覺悟了
那一念就是佛
所以把它轉化為一個方法
禮拜的時候只管禮拜
打坐的時候只管打坐
運動的時候只管運動
吃飯的時候只管吃飯
出坡勞作的時候只管出坡勞作

---

睡覺的時候只管睡覺
用這個善巧
讓自己念念都能覺都能悟
念念自性清淨

慢慢地拜下去
慢慢地起來
就是禮拜
只管禮拜

# 大地的心

把我們的頭放下來
放到地面上
一方面
是表達我們對禮拜對象的
一種虔誠恭敬
也表達我們內心的
一種謙卑

頭
是我們最高的部位

把它放下來
放到與我們的腳
也就是身體最低的部位
所接觸的地面
讓它平等
減輕我們高慢的心

當我們把頭緊貼到地面的時候
我們的身體
更接近承載我們的大地

雖然有很多人為的地面
人工的地板
但這些全部都建立在大地上
我們用身體
貼近大地時
去感覺去體會
大地的承載

所有的一切
都由大地在承載著
平時我們習慣了
也就覺得理所當然吧
習以為常吧
我們也知道

全部人的生活都在大地上
我們生活中所有好好壞壞的
都是大地在承載著

習以為常
我們習慣的
就不懂得去珍惜
很多的破壞傷害
就在我們的慣性中造成了
過程中
理所當然地都沒有去覺察
我們也發覺
大地
好像就默默地在承受

大地的心
知道這是它的本性
沒有條件
毫無因緣地接受

菩薩的心
也是如此

但是
我們發覺到
很多我們造成的破壞和傷害
最後又回到我們自己本身
這不是大地的反撲
而是我們的業報

大地的心
可以沒有條件地接受
但是破壞傷害
會累積一種負面的能量
到一定的程度時
它就反撲到造作人的身上

菩薩度眾生的時候
可以承載一切
沒有條件
沒有任何的因緣
但是眾生能不能得度
要看眾生的業報

我們容易有一種
只有一世的心理
甚至有時候
一種僥倖占便宜的心態
以為大地可以承受一切
就不斷地造成這個破壞
以為菩薩度眾生沒有條件
就不斷地想去占便宜

如是因　如是果
造成的傷害　破壞的因
自然就會有這個果報顯現
所以
體會大地的心

體會菩薩的心
就要學習承載的這種力量

心和大地相應了
心和菩薩的心相應了
不只是不再破壞傷害
也可以像大地和菩薩一樣
去承載
沒有條件　沒有因緣
度眾生的時候
才能夠無限地包容
所做的
才是善因善緣
正因正緣

所凝聚的
是建設的
是正面的能量
我們共住的這個世間
才會是淨土

建設人間淨土
要提高人的品質
不斷地凝聚正面的能量
不斷地造作善因善緣
不斷地學習大地承載的心
不斷地體會菩薩度眾生
沒有任何條件的心

我們拜下去的時候
貼近了大地
去聆聽
去感覺
去體會
去相應

# 謙虛慚愧

禮拜是一種姿勢
從這姿勢就有了一種姿態
傳達了心態

敬和禮
禮和敬
是一體的
這個姿態
與我們的心態
有沒有一致呢

把身體最高的部位
放下來的姿態
有沒有讓我們
產生了一種謙卑的心態
我們願意用身體
來表現這個姿態的時候
心
有沒有相應
有沒有一致

任何的學習
當學習的人
懂得把自己放在比較低
甚至最低的位子的時候
就會發現
從高處流下來的
種種的好
你的位子都能夠收到

一種學習的態度
我們叫謙虛
一種修行品德的心理
我們叫慚愧

知道自己的不足
修養上的學習上的
我們的心
就有很大的空間來容納

有這樣的心理時
更容易往內反省
發覺自己德行有不足
缺欠的地方
就會學習重組它
覺察自己修行不圓滿
就會清淨它
然後圓滿

過去一些決定
乃至有形無形造成的錯誤
甚至因為煩惱
造作了一些惡業
心裡還是有一些惡念惡法
有慚愧的心
我們就會懺悔
就是要去改過
把過去做錯的
甚至造作的惡業
都要從心裡去懺除悔過
但這是一種坦蕩的心
不是負面的情緒

雖然如此
自己造過的惡業
做過的錯事
還是會現行為果報
不管是身心
或者是內心
顯現這些果報的時候
自己都願意
去面對接受
不去逃避
這樣我們才可能
真正地去改正它
然後改進
才能慢慢地

把自己一些不好的行為
負面的行動
傷害破壞的一些造作
調整過來

懺悔得清淨
不是說懺悔過後
這些果報都沒有了
而是能夠用清淨的心
去面對去接受

這些果報
就不再是負面的
可以把它轉化為

正面的力量

德行上
修行上
就是一種改進
就是一種進步

從此
在修行的道路上
就減少了很多的障礙

修行的障礙
很多都是我們造作的錯事
惡業現行時形成的

如果我們用負面的情緒
煩惱的方式
去面對　抗拒　排斥
不願意接受的話
這些障礙就愈來愈多
愈來愈強

真正懺悔的方法用上了
這些障礙就慢慢地清理
修行的正道上
就愈走愈平坦
前面看到的
都是光明
懺悔

就是這樣的一個法門
慚愧
就是懺悔所依的心態
禮拜
就是讓我們能夠把慚愧心
拜出來的方法

把我們最高
讓我們覺得高慢的部位
放到最低
慢慢地
把我們的慚愧心拜出來

慚愧的心懺悔
懺悔得清淨
修行的正道
就平坦了
光明了

# 拜佛是誰

我們也知道
是由我們的心
在指揮身體有這個行動
沒有身體
就沒有禮拜的行動
沒有心
身體也不會禮拜
我們也知道
身和心是相對的

也是一體的
是五蘊和合的作用
是緣起相互依存的
離開了心
身體不會行動
離開了身體
心也無從行動
所有的行為造作
都是身心一體在運作的

但常常會發現
身和心之間
經常是不協調不一致的
所以
這個五蘊和合的身心
就會有很多的問題
心想做的身體達不到
身體所做的
又不是心所想的
這大概就是所有人的問題
就是為什麼覺得身心
五蘊和合的身心
是苦的
但是我們又不能逃避

需要面對
所有的這些問題

接觸到佛法
知道通過修行
可以減輕
甚至滅掉這些問題
所以我們就修行

修行的時候
可能發現更多的問題
前一次的用功
有一些問題慢慢減輕了
可是心不斷地往內

發現到更深層
更內在的問題
每一層都有不安的心
解開了一層
還有更深的一層

不斷地修
不斷地見到
不同程度的身心
見到不同層次的自我
每一層都有一個
深深執著這個生命個體的
所謂的我執

怎麼看
它就是不清楚
解開了一層
好像清楚了一點
又發現更深的那一層
從最外在
到一層一層進去
一層一層的自我
不斷剖開
還是有看不清楚的
所以
只能夠不斷地追問
這個我
到底是誰

每個不同的行為
都顯示出不同的自我
可是每一層
都有看不清楚的問題
但又必須要
面對

外在的逃避
逃避不了內心比較內在的覺察
所以
只有不斷地去追問它
一層一層地往內
去探尋追問
心裡可能知道

能看清楚了
明白了
所有的問題
就自動地
消失

不斷地去追問這個問題
但身心的運動行為
是沒有停止的
不同的因緣
當下顯現出來的那個生命體
你可以去問它
你在拜佛的時候
拜佛的是誰

念佛的時候
念佛的是誰

打坐的時候
打坐的是誰

吃飯的時候
吃飯的是誰

你可以把它統合起來
用一個我
不管在任何一個場合
追問它是誰
追問這個我是誰

可以把它統合起來
把自己的心
放到更深去問
一念未生前到底是誰

你也可以把自己
放到比較遠的過去
去問
父母未生前到底是誰

你也可以問
沒有心
這個身體就像一個死屍
它之所以會動

就是因為有一個心在帶著它
帶著這個死屍動的
是誰呢

當我們的心
終於必須要面對
這最內層的自我
終於必須要把它
看清楚的時候
這就是我們對生命的疑情
也就是我們參禪的
根本的主要的
一種內在的作用
沒有這個內在的動力

參禪是沒有力量的
但是當你的身心分散很粗
妄念很多的時候
你就出不了這個疑情

我們用功的時候
各種方便
讓我們的身心能夠統一
有個比較明確的
自我的作用顯現出來
這個疑情
才能夠從深層運動中產生
在用話頭的時候才能相應
才有力量

拜佛　經行　打坐
不斷地在用方法
就是要讓我們的身心
先消除掉所謂的雜染
或者是一些外在的干擾
讓我們更直接地去面對
內在這個必須要看清楚的
本來面目

正在拜佛的
這個在拜佛的是誰

拜佛拜到身心統一了
身心統一在拜佛的是誰

正在拜佛的我是誰

這個我
一念未生起的時候是誰
這個我
父母未生前是誰

這個拖著身體在動的我
是誰

# 超越局限

用身體的禮拜
修我們內心的德
用清淨的心禮拜
讓我們自性清淨的心
能夠直心地流露

用默照的方法禮拜
清清楚楚
心也是專注在
禮拜的整個儀軌上

禮和敬　敬和禮
一體的運作
禮拜的時候
是這樣用功
運作其他方法的時候
也是這樣用功

身心一體地在用功
但是
修心

還是中心點

我們的身體
會慢慢地老化衰退
修身的工夫
可能也會慢慢地
出現老化衰退的現象
這是正常的

可是
修心的工夫
卻沒有任何的障礙
它可以無限地運作
不會老化

不會衰退

這點很重要
只要有在用功
真正地用功
就有功德
別人不能給我們
別人也取不走
只要我們持續性地用功
調身調心
功德就日益增長
沒有任何的追逐攀緣
如果我們的身心

處在一種混濁
相互干擾的狀態
身體出問題會干擾我們的心
心理出問題就干擾我們的身體
那才是我們用功的障礙

修身修心的過程中
慢慢地把這個混濁的狀況
調整過來
愈來愈清了
身心統一了
繼續用功
我們的心就可以
超越身體種種的局限

有修行的老和尚
身體衰老了
心理的德行
卻愈來愈成熟

物質的現象
生理的作用
隨著因緣
無常衰退
心理的德行
卻不會因此而受到影響
反而更加純熟
這就是所謂的老修行

聖嚴師父
是一個最好的例子
在他身體最衰微的時候
他過的
是美好的晚年

我們沒有一個人的身體比師父差
為什麼沒有美好的呢
所以
我們也要過
美好的青年
美好的中年
乃至
美好的晚年

所以
修心修功德

清淨的心
在修行的時候
就可以超越身體的局限
乃至障礙
這才是真正的功德
才是修行的人要做的

身體衰老是正常的
只要心
是美好的清淨的
我們過的就是美好的

清淨的日子
就是修行
也就是功德了

# 直透心源

禮拜是一種禮儀
禮儀的內涵用心
是虔誠恭敬
禮而拜
就是一種身體的行動
禮而敬
就是我們用心的工夫
禮敬的對象
是諸佛　菩薩　聖者
我們的老師

我們也強調拜佛
所禮拜的佛
有單一的
也有很多
十方三世
乃至無盡法界的諸佛
在拜的時候
我們會有什麼樣的心理
是求這些佛菩薩來加持我們

讓我們學佛以後
就順順利利地
免難消災呀
所行所作的一切
都沒有障礙沒有干擾
或者求佛
有所感應
讓我們想要的
都能夠得到做到
或者求佛
賜給我們智慧
好讓我們能夠解脫
也許很多學佛的人
甚至用功禪修的人

禮拜的時候
還是帶有這種心理

佛教的儀軌裡
拜佛
是占很大的空間的
也是最多信徒
經常會用功的方法
我們在禪堂裡
也用這個方法來用功
但用禪的智慧來禮拜
就必須
更深地去了解
更深地去用功

不能停留在外在的
這些感應加持

禮拜的是諸佛
諸佛是外在的
外在的因緣
不是讓我們追逐的
是讓我們接受它
能夠回觀返照

禮拜佛的時候
佛是我們的老師
是我們的模範
是我們學習的對象

不是
攀緣的
追逐的
祈求的

佛能夠修行成就
這是我們最大的借鏡
尤其佛在覺悟的時候
提醒了一切眾生都有佛性
都有如來智慧德相
所以
大乘佛法直說心源
尤其禪的修行
直接地回到我們的心

清楚地讓我們知道
每個眾生的心性
是清淨的
也就是和佛的心
完全一樣的

因為眾生迷了
所以對外追逐攀緣
習慣了
用功修行的時候
一念未悟
需要借助外在的佛
乃至佛像佛號
不斷地提起正念

幫助我們往內
直透我們的心源
直透我們清淨的本性

過程中
一念悟了
即心是佛

禮拜的時候
如果內心
沒有這一份清淨的本性
你就發不出這份心
如果知道自己禮拜的時候
有深深的敬意

那就表示
是用我們的佛性
清淨的本性在禮拜
通過外在的禮儀
才能夠返觀
回到自己的心

禮拜的時候
就慢慢地
從身體禮拜的動作
乃至外面禮拜的對象
借用這個方法
不斷地讓自己的心
往更內在

更深層的心
去觀照發覺
在敬而禮
禮而敬的時候
原來
所敬的所禮的
就是內在的
清淨的本性
這個時候
我們才是真正地在
禮敬諸佛

外在的諸佛
事相上

顯現出來
本性上
就是我們心中的
清淨的本性

禮拜的時候
拜下去
我們看的不是佛
不是外在
而是返觀內在

佛
不在西方
不在東方
不在南方北方
不在上下
就在
你當下一念的悟

# 事理交融

在練習這些技巧的時候
它對我們的身體產生一些作用
可能心理也會受到一些影響
這是我們用功的一邊

另外一邊
就是理上的
或者知見上的
這部分都只是
在用心方面的工夫

也就是說
我們應用這個方法
它依什麼理而運作
在用這個方法修行時
具相的目標和方向
是在哪裡

用功修行
需要有所依的理

平時我們可能會發現
讀了一些書
懂了一些道理
好像都是理論的作用
很難具體地
把它用到我們的生活
或者很難用到
實際用功修行的方法上

在用功修行時
身心呈現很多
比較明顯的一些狀態
跟我們所知道的理
是分開的

是兩回事
所以
在用功的時候
事修變成只是事修
理論的部分
也只是一種理論
兩者看起來
只是相對
如果一起進行的話
就像平行線一樣
沒辦法有個交接的地方

很多時候用功
不管是事修

或者是理論
如果有這樣的一種感覺
或者是發現到這樣的情況
我們用的方法
就會停滯在某一個層次上
可能也可以把方法用得滿深的
但是它就是會有一種
停住的感覺

理論上的學習
也會是一種停滯
可能讀的書更多了
知道更瑣碎的東西
但是就沒有辦法

在心理上更深入地透徹
或者是能回到根本
能夠坐得更久了
學問也好像更好了
可是
兩邊不能交集
就不能產生最大的功能

事和理
沒有交融點
沒有互相印證的作用
我們就不可能開悟
不可能有智慧

用功的時候
要有理
來引導著我們用功
學習的理
要能夠在
實際用功上去應用它

事修
比較著重在身體的工夫
理論的建設
比較偏重在心理上的學習
用功的時候
遇到了狀況

遇到了障礙
除了用方法去處理以外
能不能夠在心理上
因為有理論的建設
可以用這個理
來幫助自己化解
事修上碰到的問題和障礙
顯現出來的負面情緒

理論上的學習
能不能夠在用功事修的時候
身心比較安定
做更深細的思惟
過程中

感覺因為理論
可以通過這樣的方法
融入自己的心
轉化為自己的
一種知見
一種觀念

知見和觀念
可以用在生活中
可以用在用功的時候
化解妄念和煩惱

不斷地用功過程中
身體更安定

心能夠更細更深地
體會到理上告訴我們的
甚至能夠用它
化解一些不必要的煩惱
甚至內心的一些問題

兩者要有交融的地方
要能夠產生相輔相成的作用
修到理和事交會的時候
可以互相印證
達到事和理無礙

理上
根本的是無常無我

修行的方法
也是依這個理而運作

修行的過程
是無常無我的
問題就不會停住
修到的定
也不會住而不捨

無常無我的根本法則
是一切法運作的原則
我們的心也是如此
修定而定住了
心就失去了

---

它的流動
它的活力
也就不能活著

修行的時候
有種種的相出現
包括所謂的禪相
住而不捨
以為自己的身心
處在禪定裡
有了輕安
舒適了就不願意出來
那就著相
而不是無相

心中抱持著正念
清淨的念
不是還有一個
叫正念和清淨的念在那裡
讓我們去觀去想
而是心的一種覺照
清楚地照見
一切心的功能

前念的作用
又清楚地知道
是無常無我的
不停在任何一個念
不染著於任何一個念

包括我們自己設想的
正念和清淨的念
也不除不染
因為心的本性
就是無常　無我　空　清淨
所以不需要再加上任何的念

心本然性的功能
隨著法則
隨著本性而運作

修行不是停在
任何一個點
任何一個念

任何一個相
而是讓心本然性的
無常　無我　空　清淨的作用
自然地運作
事和理
它就互相印證
交會的時候
事和理之間
都沒有任何的對立性
無礙
而能夠交融

事修中
要有理的引導

理的修行
要有事的實際運作
相輔相成
漸漸地才能交會
無礙互證

不斷地
在事修上
讓身心安定
在理上
能夠直透心源

一念覺悟
本性清淨

本然地運作
那就是
無念
無相
無住

# 發願迴向

修行
還出家了
又遇到禪修的法門
又在打七密集的禪修課程中
把每個不同層次的
最大的福報都具足了

雖然還沒有得到
開悟的福報
但在密集用功禪修的時候

就在一念之間
這麼大的福報
我們正在享受著
享受的同時
也在繼續地培植
因緣具足時
一念覺悟
那就是無上的福報

所謂的培植

就是我們知道這個福報很大
在用著它享受著它
同時也必須要
與更多的人分享
在不斷分享的過程中
我們的福報
才能繼續地增長

培植福報最好的方式
就是去分享我們的福報
接引更多的人
學佛修行
來禪修來打七

我們在用功的時候
不斷地學習
各方面的善巧方便
可能我們具備了
可以教導禪修
弘揚佛法的條件
我們就去發揮
可能我們有其他的技巧
能夠接引更多的人來學佛修行
我們也不妨去培植它

發願
是禪修時
很重要的一個功課

發了願
一方面用行動
把我們的願
用具體的方式
做出來
具體的行動
去發揮

另一方面
在用功時
心裡要念念不忘眾生
自己的用功修行
不單是為了自己的福報享受
而是為了眾生

為了與眾生分享
內心有這種願
這種正念的時候
時時都保持著

在沒有具體行動
去幫助眾生
分享福報的時候
念念不忘眾生
在修行的時候
也祝願眾生
迴向我們修行的功德
即使我們修行的功德

只有那麼一小小的部分
我們也願意讓它散發出去
與更多的眾生分享
從內心的慈悲
散發正念善意

迴向我們的功德
祝願所有的眾生
都能夠在我們的迴向
我們的祝願之中
種下了學佛的因緣
終有一天
因緣成熟了
就來學佛來修行

乃至來出家來禪修

我們願意把修行的功德
迴向身邊最親的人
即使出了家
與有共同因緣的親人
還是要祝願
包括父母兄弟姊妹
親戚中的長輩晚輩
祝願他們
能夠有學佛修行的因緣

迴向我們的功德
祝願我們的師長

我們的同學
我們的學生
能在學佛的道路上
修行的正道上
更精進地用功

我們以修行的功德
祝願我們的朋友
我們認識的人
乃至不認識
可能偶爾有一些互動見面的因緣
各方面的人
能夠具備學佛修行的因緣

我們也迴向我們的功德
祝願那些不喜歡我們
甚至討厭生氣我們的人
一些我們不喜歡
討厭生氣的人
具足了學佛的因緣
也能夠來學佛修行

逆緣也是因緣
我們祈願
在共同學佛修行時
能夠轉這些逆緣為順緣
共同在修行的道路上
一起用功修行

我們迴向功德給
不曾見過面
不認識的人
希望我們一念的祝願
能夠讓他們種下
學佛修行的因緣

我們迴向功德
祝願和我們共住在地球上的
其他所有的生靈
包括有形無形的
都因為我們用功修行
迴向功德
而讓他們能夠

種下學佛修行的種子

我們迴向功德
祝願一切眾生
也能夠在他們生命的過程中
有因緣接觸到佛法
能夠來學佛修行

我們迴向功德
祈願
諸佛菩薩　聖者　祖師
乃至師長們
能夠久住世間
能夠經常示現在世間

讓更多的眾生
因此而接觸到佛法
能夠學佛修行

我們迴向功德
祝願自己的福報
繼續增長
不斷地培植善根
慧根繼續增長

祝願自己
在學佛的道路上
修行的正道上
不斷地成長

具足更多良好的條件
學習無量的法門
善用各種善巧方便
去接引更多的眾生
來學佛修行
在菩提道上
一起前進

我們迴向功德
祝願大家
在共修的因緣裡
繼續地成長
祝願我們
經常有共修的因緣

相互增長
自己在禪堂裡用的
每一分工夫
每一分的功德
都願意與共修的同學們分享

祝願大家
菩提日日增長

我們迴向一切功德
祝願一切因緣
都圓滿無礙

〈第二篇〉

# 感恩報恩

（二〇一七年六月十二日至二十一日　僧眾結夏．禪十四）

# 動靜調和

拜佛或禮拜
是在動態中用功
也是禪修方法的一種訓練

禪修以靜態為中心
其一的作用
就是對治動態中的散亂

在動態中
我們的心

對外攀緣比較多
五根都開放
意識也會跟著五根去攀緣

日常生活中
在動態的時候
很多的時間
我們都比較容易對外攀緣追逐
或者是對抗
也成為一種生活的習慣

禪修攝心的時候
就要採取靜態的方法
但是又不能忽略
動態的需要
因為我們不可能完全處於靜態

雖然也有一些禪修的法門
能夠遠離到深山去
訶五欲
減少五根對外的攀緣

這對個人的生死解脫
當然是一個很好的修行方法
個人生死的解脫

是修行的終極目標
但不是學佛的全部
必須還要接引度化眾生
所以也就必須要
回到日常生活裡
現實的社會中

我們還是要保持
各種必須的動態
所以靜態的用功
要能回到動態去
靜態用功時
也需要有動態的方法來扶持

密集的課程
重點在靜態
在對治散亂攀緣的心
也需要在這個課程裡
練習動態的工夫

在練習的時候
就更容易覺察到
平常生活中
比較大幅度的動態
五根不斷對外攀緣追逐的狀態
心的確不容易收攝

當在禪堂裡練習動態時
也需要有某種程度的對治
假如我們還是快動作
大幅度的動作
心還是不容易收攝的

在練習方法的時候
先把動作放慢下來
放慢時
讓專注和覺照的作用
有更長的時間
安放在身體的動作上
專注覺照身體時
能夠更完整地去覺察

最直接應用的方法
就是在拜佛的時候

拜佛的時候
全身都在運動
每個部位都有
比較大或比較小的動作
在拜的時候
能不能整體地覺照
能不能在整體覺照時
心是專注而安定的
如果全身運動時
動作快了

甚至有急迫的感覺
心還是會掉到
比較散亂和追逐的狀態

把動作放慢了
每個動作每個過程
都可以清楚地覺照
心也可以安定地專注

整個身體的動作
每個部位
比較完整的空間
心都能夠覺察到

這是一個練習的過程
練習時
是要讓我們的心
對整個身體的動作
愈來愈熟悉
愈來愈敏銳
身體也愈來愈放鬆

慢慢地
心對身體的覺照愈敏銳
身體愈放鬆時
很多很細微的動作
都能夠清楚地照見
愈細微的動作

都能夠清楚地覺照
心和身
慢慢地就沒有了距離

本是用心來覺照這個身體
慢慢地發現到
心和身體是一致的
也就是自己的動作到哪裡
心就了了分明地
如如不動地
在那個動作上

愈照愈細微
心和身

就愈來愈貼近
乃至心和身統一

很清明地
也很安定地
每個過程的當下
默和照的作用同時

練習時能做到
慢慢地就會發現到
不論動作的快或慢
都一樣能清楚地覺照

練習得很熟悉時

不只是拜佛的動作
任何其他的動作
也一樣地了了分明

在動態中
心和身是統一的

愈來愈熟悉
到工夫成片的時候
回到日常生活中的種種動態
心也依然保持與身的統一
動態中的工夫
和靜態中的工夫
就能夠貫通

我們在拜佛
練習動態工夫的時候
就是這樣地運作

# 崇敬禮拜

禮拜的這一支香
動態中用功的方法
在應用時
除了讓我們的心
清清楚楚地知道自己的動作
讓心和身能夠在動態中
慢慢地統一
除了這一層的用法
禮拜還有更內在的涵義

禮拜是一種儀軌
必然與宗教有關
與生活的理解也有聯繫

禮　就是一種禮儀
拜　就是一種方式
更深的一層涵義
就是禮之中
必然含有一種敬
就是禮敬

敬的外在　是有對象
敬的內在　是內心的品質

禮敬時
由內而外
也由外而內
外在的
必然有所崇敬的對象
內在的
就是崇敬的心理

整體用功時
內和外
必須要能貫通

如果內心沒有敬意
就失去了禮拜的意義

內心之所以會有崇敬的敬意
是因為有一個外在
值得崇敬
必須崇敬的對象
在佛教裡
就是佛　菩薩　聖者　祖師
乃至我們的師父　老師

當我們對這些對象
生起了禮敬的心
就會用禮拜的儀軌

表達內心的這一份敬意

但是
我們的內心
之所以會生起這一份敬意
是因為所禮拜的對象
他們的功德
他們的智慧
他們的慈悲
圓滿具足

我們必須以一種崇敬的心理
表達這一份敬意
也只有透過這樣

內在深深地敬意
才能從他們的
功德智慧和慈悲裡
學習到應該學習的
失去了這一份敬意
就學不到了

內在的
很深的這種心理
外在的
禮敬對象所具足的條件
內外相應了
我們的禮拜
才是圓滿的

如果一個人的心裡
沒有這份敬意
表示內心所充滿的
是慢心是癡心
因為慢而覺得自己很高
因為癡而見不到禮敬對象的功德
學不到正法

內心的這一份清淨
除去了我慢和愚癡的心
就會找到
值得學習
必須學習的老師們

---

能清楚地知道
這些老師
在我們學習的道路上
修行的道路上
發揮的作用
這就是我們學習上
最重要的部分

佛陀曾說
當我們親近善知識
就是修行的圓滿功德

內在有這一份清淨時
很自然地

佛　菩薩　聖者　祖師
我們的師父　老師們
他們就在等我們學習

外在的善知識
一直都在那裡
沒有清淨的心理
就找不到

外而內　內而外地貫通了
在禮拜的修行方法中
就能圓滿修學的功德

當慢慢地禮拜下去時

我們用身體最高的頭部
放到最低的地面
來表達這一份敬意
在進行這個禮儀時

我們的心
是不是也這麼清淨呢

這就是在禮拜時
內在的更深一層的
用功修行

# 調伏我慢

禮之以敬
敬之以禮
禮和敬結合
禮拜的方法
又能夠深入一層

在以禮來表達
內心敬意時
禮的儀式
就需要有這樣

顯現出來的思想

最深的一種禮
就會用拜的方式
在拜的時候
一定會
把身體放下來
把身體最高的部位
放到地面
放到身體接觸到的

最低的部位
用這樣的儀式
來表達內心裡
將禮拜的對象
放在很高的位置

讓我們願意
因為對他無比地崇敬
放下我們的身段
把頂部放到最低的位置
這樣的作法
從內心去看
也是一種調伏

每個人都有我執的心
也就會有我慢的心
慢心會將我們放到一個
可能不正確的位置
慢心裡有分別
就有高有低
有我執我愛時
總是會把自己
放得比較高

當我們把自己的位置
放錯了
就不會進步
因為迷失了

把自己放高了
我們的基礎
就不穩不紮實
即使想向上
也無從提起

很多時候
就發現自己
沒有辦法更好地提昇
把自己的位置放高了
就有很多看不起的對象
就找不到好的老師
沒辦法親近善知識

當我們練習把自己的慢心
慢慢地放下
從身體的姿勢來調伏
願意把自己放到最低
讓內心的慚愧
知道自己的不足
能夠更好地
更清楚地知道
我們就會發現
原來有很多
值得我們學習的對象
身邊有很多
值得我們學習的善知識

自己不足的地方
都可以看到別人具足
尤其
像佛菩薩
圓滿功德的聖者
更是我們要學習的模範

我慢心調伏了
我們的心打開了
提昇的條件就更好

從正面
不斷地去學習
所崇敬的老師

他們的各種功德

從內心負面的煩惱
看到自己的慢心
我們願意
透過方法修行
來調伏
甚至慢慢地
滅去

當我們願意
用禮拜的方式來用功時
我們的頭放到地面
也是一種返觀

返觀之中
看到了自己的慢心
看到了自己的我執
也就看到了
很多不足的地方

減輕了慢心
起了慚愧的心
打開了我們的心
更好地吸收
來自各方的營養
我們的修行就會進步
我們的修養就會提昇

還有圓滿功德的佛陀
做為我們學習的模範
對完成修養的方向和目標
就明確了

修行的目標明確了
在修行的正道上
就會有信心地
精進地
向前

# 感恩善緣

在禪堂裡用功
在禪堂裡拜佛
可以很安心地很專心地
放下很多的外緣
一心地用功

能這麼安心地用功
是因為
有很莊嚴的道場
很安靜的一個空間

讓我們很容易
就把心收攝起來

能很安心地用功
很有信心地練習方法
因為我們都學會了
用功的善巧

有外在的空間
還有很好的學習因緣

在全心投入用功時
又有很多的助緣
來幫助我們

能夠建設這麼好的空間
也是凝聚了
很多人的心血

能夠學習到善巧的方法
也是經歷了
歷代祖師們的苦心

能夠凝聚很多的外緣
來促成我們用功

這些都是我們的善知識
護持我們
教導我們
和我們一起共修
因為這些善知識的因緣
我們能夠安心
能夠專心
能夠放心地用功

當在用功時
心裡一定要很清楚地知道
這些助緣這些善知識
對我們的重要
不論他們是基於什麼樣的心態

都是促成我們修行的因緣
而我們相信
這些善知識
必然有一種奉獻的心
慈悲的心　菩提心

我們的心
也要和他們相應
也要奉獻慈悲和菩提心

當然我們更應該有感恩的心
在禮拜時
所有的這些因緣
都是要崇敬的

---

要感恩的

當我們生起感恩的心
很自然地就會想到
如何去回報

凝聚了那麼多的因緣
那麼多的善知識
來幫助我們用功修行
完成我們的道業
我們也沒有辦法
一一地清楚地知道
一一地回報
一一地估量

感恩報恩
最好的方式
就是好好地用功
當我們在好好用功時
就是一種感恩心的顯現

在用功時
不論遇到什麼障礙
只要生起感恩的心
去觀想
多少的因緣凝聚了
才能成就我們的道業
就沒有任何的理由和藉口
懈怠下來

就會很有信心
因為我們知道
所有的因緣都在護持我們
所有善知識發的心
都是護持我們的力量

修道中
遇到的任何挫折困難
只是一個過程
它會幫助我們
更細地更清楚地
去觀照

當我們能夠感受到
來自各方因緣的恩德
修道的正道
就開闊了光明了
因為這麼多人在引導著我們
護持著我們用功
在禮拜的時候
能特別敏感地感受到
我們要
安心地專心地
放心地好好地用功

# 信念堅定

能在禪堂裡
安心地專心地
放心地用功
是因為有很多因緣的凝聚
具足了各方的因緣
才能夠很好地
在禪堂裡
禪修用功
感知到這些因緣條件

包括了有情的無情的
包括了認識的不認識的
對我們而言
這些都是恩德

我們在接納的時候
要感恩
接納那麼多的恩德
要從內心去感激
同時提醒自己

不能夠辜負
所有的恩德善意

在感激時
我們會想要還報
還報最好的方法
就是借用這些因緣
好好地用功

可能我們也會想
怎麼樣把自己感激的心
還報給種種的因緣
但是因緣是在流動的
很多是看不到的

很多助緣
在空間上　在時間上
都不是我們能直接接觸到的
所以也不可能
一一針對這些因緣
來表達內心的這份感恩

除了自己好好地用功
也願意把所有用功的功德
迴向一切的因緣
這是在理性上的運作

在事相上　在現實中
我們也可以迴向這些功德

我們清楚地了解
佛陀因為不忍眾生苦
所以覺悟了
就把自己所覺悟的真理
修行的方法
毫無保留地傳授給眾生
讓眾生能因此而得解脫

歷代祖師
在傳承佛陀這一份慈悲心時
也抱持同樣的心理
不忍眾生苦
也不忍佛教衰
奉獻了他們的一切

讓佛陀的智慧
慈悲的教法
能一代一代地傳承下來
我們今天
才能依真理而修
依正法而用功

充滿感恩的心
就要發願
把這些功德迴向
即是一種轉發的工作
我們不需要一一回報在
這些祖師們身上
要回報佛陀和祖師的恩

就是要用迴向的方法
把所學到的
再傳授給需要的眾生
傳授給晚輩的學生
這是事相上的迴向
可以實際地去運作

我們發心維持僧團
維持道場
種種護法利生的運作
奉獻自己的一份力量
讓這些運作能更好地
更順暢地進行

在這過程中
必然會遇到
和佛陀一樣
和祖師們一樣的
各種障礙困難
這是現實世界的現象
如果心存感恩
如果要報佛陀祖師們的恩
內心裡
就要有很堅定的信念

佛陀修行覺悟的歷程
是艱辛的
佛陀弘法利生的工作

也是有障礙的
歷代的祖師
乃至我們親近的師長
他們的經歷也都是如此

當我們在為佛教為佛法
奉獻我們的力量時
一定會面對
佛陀　祖師們　師長
經歷過的過程
比起他們
我們的只是很小的困難

當我們有這個信念時

堅持感恩報恩的心
不論遇到什麼問題
都能夠一一地通過
不會被任何的障礙阻擋
這是事相上的迴向

是每個人
每個修行的人
都能夠做到的
但不一定是相同的方式
重要的是內在的發心
發慈悲心
發菩提心
以自己所能做到的
所具備的條件

來為佛教的興旺
佛法的弘揚傳承
奉獻我們的力量

堅定的信念
堅持地走下去
那就是最好的
感恩報恩的迴向

# 得樂離苦

在拜佛時
感知到種種的助緣
幫助我們用功
在知恩感恩之餘
也發心要報恩

可以用迴向的方法
迴向我們的功德
也可以用實際的行動
將我們從佛陀　祖師
老師　善知識
學習到的佛法
體驗到的各種受用
迴向給其他的眾生
奉獻我們的身心
把它傳開
讓它傳承

在這過程裡
我們真的從佛法修行

得到了受用
減輕了苦惱
增長了快樂和智慧

我們學佛修行
就是想要離苦得樂
轉迷為悟
人同此心
一切眾生也必然如此
心同此理
當我們從各方的助緣和善知識
學習到佛法
修行佛法
找到了一條

離苦得樂的正道

既然我們能如此地行正道
當然也希望其他的眾生
能夠走上佛法的正道
很自然地
內心就會發一個願
要弘揚佛法
讓更多的人
都能因為接觸到佛法
而學佛修行
也能夠減輕苦惱
增長快樂

當我們在為自己
尋找離苦得樂的道路時
就是對自己有了慈悲的心
要讓自己
得樂離苦
我們生起了同理的心
知道眾生都想要
得樂離苦

從佛陀開始
歷代的祖師
他們所做的一切
就是讓眾生能得樂離苦

給予快樂
拔除苦惱
就是慈悲的心

在學佛的過程中
得到了受用
真正地品嘗到
佛法帶給我們的快樂
從一般世俗的
到禪修的
到究竟的快樂
苦惱也從比較濃
比較多的狀態
慢慢地減輕

慢慢地淡化
到最後
能夠完全解脫

對自己慈悲
從佛法裡得到了受用
是源自於佛陀
和歷代祖師們的慈悲
因為他們解脫了
而奉獻一切
幫助我們也能解脫

縱使我們還沒有究竟解脫
但是從佛法的修行

已經品嘗到了樂
也知道苦惱慢慢地在減輕
確定了佛法
對生命的解脫煩惱
有很大的作用
所以我們也願意
秉承這慈悲心
去布施去奉獻
去幫助其他的眾生

當我們這樣發心時
會發現到
得到的快樂更多
認為苦惱的事情

在和大眾的煩惱相比較下
就輕了少了

對自己慈悲
也就是對眾生慈悲
對眾生慈悲
也就是對自己慈悲

有這樣的體會
是因為學佛之後
不只是快樂增長
煩惱減輕
智慧也增長
無明也減輕

很自然地
慈悲心也就會
更明顯地更清楚地體會
更自然地發揮出來

從發心到行動
慢慢地
就能夠完成

# 貼近大地

在拜佛時
我們把身體
盡量地往地面靠下去
除了我們的雙腳
我們的膝蓋
我們的手
手肘手掌
還有我們的頭
服貼到地面
拜佛的方法

可以說是最接地氣的
一種修行的法門

在禮拜的時候
整個身體都盡量地
服貼到地面
這個時候
是不是能夠感受
甚至感應
所接觸到的大地

古代的人
與地的關係最密切
現代的人
很多時候都離開了地面
可能是一種超越
也可能是一種空虛
不踏實

但是我們知道
不管住得多高
樓有多高
我們的腳
還是接觸在地板上
再高的樓

也是建立在大地上
飛機起飛了
就是為了要降落

大地
始終是身心的歸屬
我們必然地
要接在大地上
不論什麼狀態
我們都離不開大地

當我們禮拜時
用整個身體
尤其是頭部

在貼近地面時
就可以真正感受到
大地承載的願力
所有的一切
都在大地的承載中

大地在承載時
是完全沒有條件的
很簡單的
大地就是大地
它就是在承載
沒有加任何的理由
也沒有給任何美麗的讚揚
大地很簡單地

就承載了一切

佛菩薩的發心
像大地一樣
沒有任何的理由
不需要加上任何的條件
就是在承載

佛菩薩承載著眾生
一定要讓眾生
踏踏實實地
用功修行
就好像我們
踏踏實實地踏在大地上

我們可能覺得
理所當然
不覺得
大地承載著我們的福德
我們的身體或者腳
雖然站在大地上
但是
心已經漂浮了
我們的生活才會過得不踏實
沒有著落
生命沒有方向沒有目標
因為太輕浮了
所以日子也過得
非常地難受

但是
當我們的心
真正貼近大地時
就踏實了
感受大地承載之恩
我們的生命
就有了方向有了目標
就能體會佛菩薩
還有歷代祖師們的努力

我們的心
不只貼近了大地
不只貼近了
佛菩薩　祖師們的發心

慢慢地也融入了
也化為了大地
也在行菩薩道
走祖師們　菩薩和佛
走過或正在走的正道上
身心踏實了
生活穩實了
生命的方向和目標明確了
我們的所行所緣
就不再漂浮
就不再茫然

因為我們融入了大地
因為我們就在菩薩道上

和佛菩薩　祖師們
一起前進

# 自覺心性

在修行的時候
有一個很重要的過程
就是把心本來具足的
各種良好品質的作用
能夠發揮

從東方的智慧
哲學思想
宗教的角度
人的心本性是善良的

佛法說自性清淨
也是本來具足的
可是
顯現出來的各種現象
經常都與心應具有的品質相反

社會上
有很多的問題
現實生活中
有很多不好的現象

直接回到自己的身心
我們有很多的惡念
雜染的妄念
有時候我們的心很明白
某些不好的行為
不要造作
可是一些外境出現時
就感覺到心沒有力量
就順著這個外境
造作一些惡業
很多時候很多事情
我們都明白
但我們的心
總是沒有力量

止惡行善

從宗教的智慧
也知道
其實我們的心
是善良的是清淨的
這也就是我們還能夠分辨
是非對錯的
自覺的功能

有時候
學佛了修行了
最大的苦惱
就是我們知道我們明白

但是又沒有力量去做好
那些沒有學佛
沒有這種自覺的人
表面上看起來
好像他們很敢做一些事
而不覺得有煩惱
可是實際上
每一個人的心裡
都會有一把尺在測量

我們就知道
修行真的很重要
我們內心本來具足的

這些良好的品質
在不斷修行的過程中
它就愈來愈能發揮

修行的方法
就是幫助我們
讓我們的心
能夠安定
能夠凝聚而有力量
有力量的心
就能保持清明
就能清楚地知道
在知道的時候
心又有力量

能把這些良好的品質
發揮出來

我們也知道
修行的過程中
很多雜染的不好作用
在修行的時候
還在進行清理的工作
把這些添加的東西
從我們的心
慢慢地清理掉
因為這不是心本然性的作用
是附加的是添加的
是多出來的東西

但是這些成分
混著在我們的心
我們的心
力量就被減弱了分散了
而且這些雜染
產生負面的影響
使得我們的心
總是往雜染的方向去

透過修行
慢慢地可以分辨
應該清理的
我們就讓它慢慢地清理
應該凝聚的

我們就慢慢地凝聚

有力量以後
能分別了
雜染的部分就漸漸地
減少影響和干擾
而本來具足的良好品質
就有了一個更大的空間
更直接的空間
能發揮出來

在修行時
心更懂得感恩
我們的心會更有慈悲

我們的心能更清楚地明辨
我們的心更安定
更有清淨的信念

很自然地
我們的行為
這些良好的品質
成了善行

修行的過程中
善心善行的善法
會愈來愈增長
不好的行為
負面的情緒

會愈來愈減輕

在修行時
就能更清楚地自覺到
用功的過程中
有沒有進步
善念善法
增長了
惡念惡行
減輕了

顯現於外
發自於內心
清楚了

我們更有信心
好好地用功
好好地修行

# 動靜相融

拜佛
是禪修方法中
動態用功的方式和技巧
禪修的核心
還是在靜態中
靜坐中用功
靜態和動態之間
是貫通的
初學的時候

用靜態
是一種對治的作用
同時也是一種平衡
但我們的身心活動
和現實的生活
動態的部分比較多
可以靜態來對治
動態的雜染散亂
在靜態中用功時

又必須要用
動態的方法來平衡

兩方面的工夫
都用得很好的時候
它們就貫通了
所謂的動靜一如
也就是
心不論在靜態中
還是在動態中
都是安住在方法上
直到完全融通了
也開悟見性了
所謂的方法

就融入了
整個生命整個身心
也就沒有所謂的方法

沒有方法
是因為
法無定法
沒有方法
那就法法皆法

也就是在我們生活中
種種的動作
所有的語言
全部都是方法

也都不是刻意安排的方法
這是任運自然

證到智慧時
一切的流露
都是直心流露
也即是從本然性的作用
直接地流露出來
本然性的作用
是自然的
沒有任何作意
沒有任何操作
在用功時

要作意
還有一些方法的運作
這些都是技巧
善巧方便

在運作技巧方便時
又必須要把握
用功的原則
才能證到原理
用原則來用功
才能達到
開悟見性任運自然的
一行三昧

靜態中
在用功時有對治性
對治的
就是在動態中
各種散亂和雜染
因為在動態時
五根都在追逐攀緣
必須要把追逐和攀緣的心
透過五根和運作的這個心
把它收回來
讓它安定
讓它凝聚
靜態用功的對治性
就發揮它的作用

在用這個方法時
因為在靜態
身體安定了
五根對外的攀緣減少了
可以把心攝在一個境上
也就是我們的方法
我們的所緣境
把心專注在所緣境時
心就能夠安定凝聚

但是在專注時
又不能沒有覺照的心
否則專注
到某種程度的安定時

失去了覺照
心昏沉了
就沒有作用
所以必須提起覺照的心

專注和覺照
是心本然性的功能
定慧默照
這是心本然性的作用
它是一體的
雜染了散亂了
它被分裂了分開了
所以我們平時就雜染散亂
現在用方法

把它收回來
讓它能自然地發揮功能

在運用方法時
專注覺照
靜態時
有一個比較安定的
或者我們設計的所緣境
所緣境可以通過身根的觸覺
可以通過意根意識的
念的作用來用功
在應用這個方法時
借用一些外境
借用五根六根的作用

有了所緣的境
我們的心專注覺照
慢慢地就統一

心凝聚了
統一了
覺照的心
能夠更清楚地照見
能夠直觀一切的現象
觀生滅觀無常
也能夠觀無我
靜態用功
只有在打坐時運作

雖然我們可以
比較長期地打坐用功
但是現實的身心
現實的生活
動態的部分還是比較多
所以同時就要練習
怎麼樣在動態中用功

動態中用功的原則
也是一樣
要讓專注覺照的心凝聚
讓本然性的定慧
默照的功能
自然顯現

動態時
不能夠設定一個
固定的所緣境
因為動態的時候
所有的動作都在流動
流動時
沒有一個安定的點
這個時候
還是用我們的原則
來應用技巧
因為在流動時
不能夠專注在一個點
就需要讓覺照的作用
更加敏銳

身體在動時
這個動作
就能讓我們的心覺照
加強這個覺照的作用

同時為了要讓心
在覺照時
是清楚的是安定的
又必須要用專注的心
清楚地專注我們的動作

拜佛經行時
就是這個方法的練習
拜佛拜得很好時

你會發現到
你的心對身體的覺照
愈來愈敏銳
也愈來愈安定
慢慢地感覺到
心和身是一致的
覺照和專注的作用
完全與身體的動作一致
那也是身心統一
默照同時的狀態

在這個過程中
統一的身心
對身心的運動

更加敏銳地覺照
見到它的流動
見到它的生滅
見到它的無常
也就見到
流動身心的無我
那也可以開悟見性

動態用功
一樣地可以達到
身心統一
默照同時
甚至照見五蘊皆空

中國禪法的特色
就是在動態中用功

靜態中用功
有它的重要性
也是整個禪修的核心
但不是停在靜態中
或只有在禪坐時用功
在禪堂裡
也練習動態用功
讓它平衡貫通
最後就相融
就融通了

在我們的生活中
不論是靜態還是動態
都在禪修
在禪的境界裡

在動態用功時
一樣地要把握這個原則
善用這個技巧
不斷地練習
慢慢地去凝聚收攝
覺照當下

靜態和動態
我們都在用功

都把握同樣的原則
善用不同的技巧

在禪堂裡
所有的方法
都是在幫助我們
在練習方法時
用心地去練習

# 功德無量

從緣起的真理
了解到
世間所有的現象
顯現出來時
都是眾緣和合而有的
因緣本身
也是因緣生因緣滅的
所以緣緣相依
顯現出來的現象
就能夠共存

每個生命
在世間顯現出來時
也是如此

回到自己在修行時
也是一樣的
除了自己的條件
也是有很多的因緣
來促成我們能安心地
專心地在禪堂裡用功

對所形成的因緣
抱著一種知恩感恩的心理
當我們感恩時
也會從內心
發起報恩的心願
有了這心願
就會有一些行動
有些行動是直接
從現實生活中實行的

比如
奉獻我們的身心
還報所有的助緣
讓我們也成為

別人在生活中修行中
需要的助緣
幫助他們生活過得更好
幫助他們修行的時候
能夠不斷地成長

在做這些報恩行為時
實際上也集合了更多的因緣
或是成為眾多因緣裡
其中的一環
類似這樣的行動
它會有時空的限制
這就是一種事相
或是現實顯現出來的現象

還是要努力地
盡心盡力地去做好
從佛法修行的角度
從佛法信仰的角度
除了實際的行動
還可以用我們的心
發願迴向

我們的心念
在禪修凝聚了
在各種修行的方法中凝聚了
它也會產生一種正面的能量
我們用迴向的方法

散發出去
愈多的人能凝聚這種正能量
再把它散發迴向
對整體的生存空間
是會產生正面的作用

很多人造惡業時
世間就會充滿暴戾之氣
更多的人造善業時
世間就會呈現一種祥和之氣
全部人都能夠行善
凝聚善的力量
那就是淨土

在用功修行時
凝聚我們的心力
將這種正能量
或者功德
散發迴向

迴向的時候
可能有固定的對象
但同時也可以
散發得更廣更遠

以我們一分心力
祝願這個世間
祝願所有與我們共住的眾生

都能夠生活得更好
都有學佛修行的因緣
都能夠凝聚善法的力量
正的能量

在用功修行時
迴向我們的功德
給最親近的父母
我們的兄弟姊妹
我們的親戚朋友
我們的老師
我們的同學
祝願大家都能學佛修行

迴向我們的功德
給我們認識
和不認識的人
乃至不喜歡我們
討厭我們
甚至敵視我們的人
當然也有我們不喜歡
討厭和敵視的那些人
我們都願意
將功德迴向給他們
希望所有的人
都能學佛修行
那些與我們對立的人
也希望在大家都學佛修行的過程中

慢慢地轉之前的惡緣為善緣
把負面的能量
轉為正面的能量
大家能夠一起
在學佛的道路上
精進用功

迴向修行的功德
給所有與我們
共住在一個空間的眾生
乃至法界的一切眾生
以佛法的角度
一切眾生都有佛性
但需要清淨法界的熏習

願我們修行的功德
我們修行的一些行動
能夠成為清淨法界的等流作用
促成更多的眾生來用功修行

將我們修行的功德
迴向給佛　菩薩　聖者
歷代的祖師
願佛　菩薩　聖者　祖師們
能夠常現世間久住世間
為眾生開出修行道路
凝聚更多的修行因緣
讓更多的眾生能夠學佛修行

---

將修行的功德
迴向給自己
自己能來學佛修行
也是種下了善根慧根
有修行的福報
具足了修行的因緣
而能夠來好好地用功

用修行的功德
迴向給自己
祝願自己
在修行的道路上
能夠精進
能夠更好地成長

希望自己具足了更好的條件
能夠分享佛法
能夠分享禪修的法門
能夠接引更多的眾生
來學佛修行
承擔學佛的人應有的責任

將修行的功德
迴向一切的因緣
願一切的因緣
都圓滿無礙

〈第三篇〉

# 禪心拜佛

（二〇一八年六月十一日至二十一日　僧眾結夏・禪十四）

# 拜佛方法

我們在禮拜的時候
要很放鬆
我們的身體
要處在一種柔軟的狀態
全身肌肉的關節
都是柔軟的
都是通暢的

在禮拜的時候
從拜下去到起來的過程
都是順暢的
沒有感覺到
身體任何一個部位
卡住了
下不去上不來

要能夠這麼順暢地禮拜
就是要很放鬆
拜的過程中
我們會感覺到

有些動作好像需要用點力
但是在很放鬆的時候
又感覺不需要用力
這個動作就順著進行
然後完成了

有時候
就要把這個動作的速度
稍微調慢一點
讓我們的身體
能夠更放鬆地
順著身體的動作來進行

因為很放鬆

因為放慢了動作的速度
在禮拜的時候
身體的觸覺
就會比較敏銳
身體的動作
都能夠很清楚地覺照
甚至在每一個細微的動作中
都會發現到
我們的心
能夠清清楚楚地
覺察到覺照到
這些動作

這個時候

就會發覺
原來在禮拜的運作過程中
我們也能夠很好地攝心
讓我們的心
和我們的身
一致地在行動

身的動作在哪裡
我們的心
就在那裡
心的動念在哪裡
我們身的動作
就在那裡

禮拜
是一個非常殊勝的
用功的方法

禮拜是一種動態
在動態中用功
對很多行者而言
常常不是很容易的事
可是
如果我們把握了技巧
就可以透過不斷地練習
在動態中用功
也能夠慢慢地
把我們的工夫用上去

當然
禮拜是很殊勝的方法
因為禮拜有方法
又有技巧

不過
當我們在運用方法
和技巧的時候
有時候
也會被方法和技巧困住了

在禮拜的時候
我們借用方法和技巧的運作
的確可以在動態中
把方法用上去

可是
離開了方法和技巧
可能我們又用不上去了

方法和技巧
是要練習的
是在不斷地練習中
把它用好
當我們把握了
用好了
更重要的工夫
是要能夠
離開了方法
離開了技巧

這個工夫
還能繼續地保持
繼續地運作

在練習的時候
慢慢地
收攝身心在方法上
讓這個方法
能夠更好地發揮它的作用

當方法用得很好
用上去了
我們就要漸漸地
從方法技巧的運作中

把握到更原則性的運作
才能夠再把它慢慢地
延伸到其他的動態裡
也能夠做到
在動態中
我們的身心
是放鬆的
是柔軟的
乃至是統一的

但是
基本的工夫
又回到禮拜的方法上

在禮拜的時候
放鬆身心
讓身心處在柔軟的狀態
收攝我們的身心在方法上
不斷地練習
讓我們能夠更好地
把方法用上去

# 拜佛種類

一般上
我們在應用禮拜的方法
做為修行的法門
多數會與信願的法門結合
但不是每一系統的佛教
都把禮拜
當作一種修行的方法
有的只是一種禮儀
表達對佛
對解脫的聖者
還有對僧寶
一種崇高的儀式

大乘佛法裡
也有把禮拜的方法
視為修行的法門
但這個方法
一般上會與信願的法門結合
比如在普賢十大行願裡

就特別強調禮敬諸佛

也有一些修行大乘信願法門的人
每天有固定的
禮拜的時間或次數

還有一些人稱為拜經
就是以一部經的字數
做為禮拜的次數
每天固定地禮拜
幾品或是幾卷
長期地累積
不斷地清淨地禮拜
就把一部經典的字數

禮拜完成

也有固定稱誦
佛或菩薩的聖號來禮拜
一面稱誦聖號
或念著聖號
一面禮拜

這些方法
都與信願的法門有關
因為以信仰的對象
做為禮敬的對象
然後在禮拜的時候
發願

懺悔的方法
也會用禮拜的方式
包括禮懺
或是個人的懺悔
透過禮拜
向佛菩薩表露懺悔
也有比較總體的方式
就是一面念〈懺悔偈〉一面禮拜
希望通過不斷地禮拜
懺悔自己以往的所行所為
祈求佛菩薩的加持
自己能夠從此改過自新

再不斷地往自己的內心

---

表露自己的過去的不足
不斷地在透過禮拜的方式
加強自己的信念
漸漸地信心就增長
對三寶更有信心

在其他法門的修行上
積聚了一些資糧
讓自己在修行的道路上
能夠走得更順暢

還有一種
感恩的禮拜
用禮拜的方式

表達自己對三寶
或者其他方面的
感恩的心

在不斷禮拜的過程
感恩心
慢慢地增長
對修行也會有很大的幫助
因為我們在生活中
常常會忽略很多重要的因緣
我們的生活
其實就是一個
因緣不斷組合離散的過程
很多事情就在這個過程中

慢慢地完成
可是很多時候
我們會忽略有關的因緣
甚至有些時候認為
我們得到的
都是理所當然的
而不知道
是因緣積聚了
我們才能夠得到

生活中的方方面面
其實就是這些因緣條件
我們成長
我們學習我們辦事

我們的互動相處
都是集合了這些因緣
才能夠完成做好

我們以一顆感恩的心
去面對接受和感恩
對我們自己生命的一種提昇
它就是更好的力量
我們用禮拜的方式
來表達感恩的心
更凝聚了我們的感恩心
知道我們可以更好的
為眾生
為佛教
為寺院道場
為社會服務
我們的修行力度就提昇了
修行的信念
就會更加堅固

這些屬於信願法門的
禮拜的方法
我們都可以把它
融入到修行的方法裡
每天
每段時間
不斷地
去練習去運作

對信願心的增長
會有很大的助緣力量

這是大乘佛法
殊勝的法門

# 無相禮拜

禮拜
是信願法門中
很好的修行方法
可以有不同的方式
不同的內容
不同的目標
來進行禮拜的方法

用功的人
只要用心地禮拜

結合了信願法門裡
一些不同的內涵
在這些方法運作時
基本上
都能達到一定的效果

但
過程中
我們發現到
它還是一種有相的修行

在觀念上
在運作時
有加入一些不管是佛法
或者是信願法門裡的內容
包括一些觀想

在禪堂裡
應用這個方法的時候
是可以把所有這一些
信願上有相的
觀念
觀想
內容
都把它完全放下

禪修中
禮拜的方法
是要用無相的方法來用功
禮拜是有相的
我們的心
方法的內容
是無相的

在禮拜時
我們的心
沒有為禮拜
加入任何的內容
而禮拜本身
也不具任何的內容

它就是一個方法
我們就是在應用這個方法

在禪修的時候
我們的心
放下所有的雜念妄念
只有依著方法的正念
禮拜的時候
就是禮拜
我們的心
完全和禮拜的方法
融為一體
所以
在用方法時

心和身
是要一致的

在慢慢禮拜的過程中
我們的身體
有各種流動的狀態
我們的心
對身體的整個流程
清清楚楚

很清楚
我們的心
非常專注在身體的
整體的動作上

順著身體的動作
我們的心
安住在每一個過程
心
是不受干擾
不動的
專注在每一個動作的同時
對每一個動作
是清清楚楚的
在禮拜時
能夠做到專注清楚
心對身體的動作

清楚而專注
從比較大的動作
到比較細微的動作
都能夠如此地運作
心和身
慢慢地就一致了
慢慢地能夠統一了
這是禪修的禮拜方法
這樣的禮拜
是用禪修的方法來運行的
在運作的時候
要把自己的身心收攝
身體放輕鬆

順著禮拜的方式來進行
我們的心
也放輕鬆
去除所有的觀念觀想
只是一心專注
清楚地覺照
身體禮拜的流程

不斷地練習
讓心和身
漸漸地能一致地禮拜
漸漸地能夠在禮拜中
統一我們的身和心

# 身心統一

在禪堂裡
把禮拜的方法
融入到禪修的法門
與將禮拜的方法
以信願法門來用功
是有不同的

禮拜的儀軌
基本上是共同的
但是

用功用心
會有不一樣

禪堂的禪修方法
雖然以靜坐
靜態為中心
但也必須要能夠
在動態中
繼續保持禪修工夫的運行
保持在禪修的狀態裡

動態中用功
在禪修法門裡
也是非常重要的

應用禮拜的方式
做為禪修的方法
在傳統的禪法中不多見
大乘禪法也是少見的

我們現在在用的
其實是聖嚴師父的教導
師父把這個方法
融入了禪修的理念
原則和技巧

---

在傳統的禪堂
是沒有這個方法的

在用這個方法時
與靜態用功
是有貫通性的
包括原則和技巧的運作
也有共通點

禪修用功的原則
就是要讓我們內心
本然性的
定慧一體的作用
能夠更好地發揮

方法在運作時
就是止和觀
就是專注和覺照
也就是默照

技巧的運作
就是
專注安住
覺照觀照
一個是安定的
一個是清明的
這兩種
心本然性的作用

是一體的運作
但是在現實的身心
都被分裂了
所以才需要不同的技巧
來凝聚融會
讓本然性的心理作用
能夠完整地運作

靜態中用功時
我們設定了所緣的境
止觀的法門
先專注在所緣境
清楚地觀照
慢慢地

## 凝聚統一

在動態中用功
不能直接設定一個
比較靜態的所緣境
就以身體
當時的動作為所緣境
加強了覺照的心
清楚地觀照我們的動作

要讓自己的心
能清楚地觀照
當下身體的動作
就必須要能夠

專注在這個動作上
所以專注和覺照的作用
也要能夠同時地運行

開始用方法時
可能會發覺這兩個作用
有點疏離
不斷地練習
不斷地凝聚
慢慢地
專注中清楚地覺照
覺照中安定地專注
漸漸地
凝聚了

融會了
統一了

拜佛
是動態中用功的方法
在禮拜時
對於身體
在禮拜的流程中
每一個過程
每一個動作
從比較粗到比較細的動作
都用我們的心去覺照
知道身體的動作
清楚地覺照

在過程中
就會發覺到
我們的心也同時
專注在動作上
專注在拜佛的
每一個過程中
專注和覺照的作用
都同時地運作
漸漸地
它們就凝聚了

拜佛
方法用得很好
也能夠讓我們在動態中

達到
心和身
身和心的統一狀態
這樣一種動態中用功的善巧
就是在禪堂裡
禮拜的法門
它的殊勝的地方
聖嚴師父把這個方法
融入在禪修法門
的確是非常善巧的一種運作
我們在禪堂裡
除了靜態的用功

能夠收攝我們的身心
凝聚統一
也可以應用動態的方法
來收攝我們的身心
凝聚統一
靜態中能用功
動態中也能用功
在禪堂裡
我們就是處在
比較完整用功的狀態
如果我們把握好
用功的技巧

用功的原則
在禪堂中
就無時不在禪修的工夫裡
對我們的禪修
有很大的作用
所以
在拜佛的時候
我們也要融入
禪修的方法
常常練習
好好地練習

# 靜態中心

在禪堂裡
我們學習著動態中用功
把握了動態中用功的善巧
也清楚了
禪修的基本原則
不斷地練習方法
慢慢地把工夫用上

其實
還有另外一個
非常重要的因素
使我們動態中用功時
比較能夠把工夫用好
那就是我們禪修方法裡
最中心主要的部分
就是靜態用功的工夫

我們大部分的時間
都處在動態中
五根也比較習慣性地

去攀緣追逐
如果沒有很好地收攝凝聚
我們的根
攀緣的慣性
不容易調整
必須要有一個對治
乃至調和的方法
先把我們的身安定下來
把我們的五根收攝
讓我們的心
在身處於比較靜態的時候
能夠返觀
往內收攝安定

減少了五根對五塵攀緣的慣性
隔絕了五根對五塵的一些追逐
我們的心比較內在的作用
就會更清楚地顯現
讓我們更清楚地
看到心
內層的種種作用
乃至一層一層
不同深度的各種妄念
善的惡的
正的不正的
都會因為減少了
對外在的攀緣追逐
而更容易地浮現出來

讓我們覺察
讓我們看得更清楚

同時
在這個過程中
收攝凝聚
專注覺照的作用
讓心本然性的功能
能夠更好地發揮

在不斷練習的過程中
五根的收攝
我們的心對整個身根
就有更敏銳地覺照和專注

這內修返觀的方法
在禪修中極為重要

有了靜態用功的工夫
為中心為根本
當我們的身心
又必須要回到動態時
五根對外的攀緣追逐
還是會慣性地運作
但是
我們的覺照心更敏銳了
我們的專注心更安定了

在身體五根

對外緣外塵的時候
心能夠更清楚地照見
也能夠更安定地去面對
當我們用動態的方法
用功的時候
會發現到
工夫更容易收攝
更能夠凝聚

禪修中
動態用功的法門
和其他一般的法門
用同樣的方式在進行時
還是有程度上的不同

在一般動態中用功
假如沒有經過
靜態的收攝和凝聚的練習
五根對外攀緣追逐的慣性
不容易得到梳理
減輕化解
儘管在形式上
用了很多工夫
甚至以所謂的量為主
但效果還是沒那麼理想
沒那麼好

禪堂動態的方法
包括禮拜經行

其他一些動態的運動
在禪修時
我們會發現到
能夠把動態用功的方法
用得更好
所以
靜態中用功
始終是禪修
中心而根本的部分
在禪堂用功
以靜態為主
靜態用功
更安定更清明

動態用功也就能夠
更安定更清明
工夫練習得很好
再延伸到日常生活裡
也就更安定更清明
在禪堂用功
不管是哪一種狀態
都要把它練習好
再以靜態用功為中心
來安頓我們的身心

# 貫通動靜

在禪堂用功時
以靜態和動態的方法
交替應用
用功的基本原則
是共同的
即是以心本然性的
定和慧的作用
去運作方法
在現有的狀態中

我們的身心
還不能夠讓定慧一體的運作
因為有太多的妄念
還有根身觸境的很多外緣
與根身感受的作用
某種程度上
就是煩惱惱亂
方法的善巧
就是在應用方法時

讓心本然性的作用
能夠凝聚統一

用功的原則
就是讓心本然性的作用
借用方法凝聚
所以用功的方法中
必然還有心的這兩種
本然性的作用在運行
只是我們會發現到
靜態中用功和動態中用功
善巧的運作
稍微會有重點的不同

靜態的時候
我們設定一個
比較安定的所緣境
專注這個所緣境
讓我們的心
處在安定的狀態
但是同時也要
清楚地覺照所緣境
清楚地知道自己的心
專注在所緣境的過程
慢慢地
專注和覺照的作用
就會凝聚而統一

在動態的時候
沒有辦法設定一個
固定的外緣為所緣境
我們根身整體的運動
就成為所緣境

因為在動態中
所以我們就覺照身根的動態
在覺照的同時
也必須要專注在動作上
這個專注是隨著覺照全身
在動態中而安定的
同樣地也在運作
覺照而專注的作用

在方法上
漸漸地也能夠凝聚而統一

這個善巧的運作
只是理論上的說明
必須要以我們的身心
在不論什麼狀態的時候
都能夠時時地回到方法

善巧的運作
會有一些技巧上的不同
不是兩邊差距的不同
而是在運用上的一點差別

在完全靜態時
可以回到這個方法
在動態用功時
也一樣回到動態的方法

可能在過程中
覺得在不同的狀態裡
都可以把方法用上去

可能我們會發現到
比較不容易的是
出靜後進入到動態
或者是在動態時
要轉入到靜態的過程中

如何把它們連貫起來

有時候
我們在用功
靜態的時候得力了
可是一出靜
到動態的時候
心就散了

有時候
在動態用功時
慢慢凝聚了
但一轉入靜態的時候
發現又收攝不回來

入靜出靜
入動出動的時候
有一些適當的程序
依著這個次序運作
會更好地貫通
靜態和動態用功的連貫性

有時候
出靜時
有一點點匆促
沒有經過一個過程
因為在靜態用功時
是以調心為主
在止靜的狀態

要出靜時
要先把心放開
從對方法的專注和覺照
把注意力和覺照
轉回到根身
再調呼吸
簡單地幾次深呼吸
把靜態呼吸
比較細微的狀態
調回到平時動態的呼吸狀態
然後才來調身
從身細微的一些擺動
慢慢地舒活根身
然後動作的幅度稍微放大

根身慢慢地動了
就做全身按摩的運動

靜態中
在調身時
身體能量的運行
氣的運作
或者有一些細分
它可能不是那麼順暢
或者是會停滯在某一些部位
出靜的時候
一定都要把它們散掉
讓我們的身
回到平時的狀態

有停滯的這些細分
都不再停滯
不再卡在身體的任何部位
身體就會比較順暢
轉入到動態的時候
才不會有不舒服
或者是一種滯礙的狀態
如果繼續用
運動拜佛的方法來用功
應該就能夠
比較順暢地貫通

坐得好坐得輕安
出靜的時候

也是要照程序
不要急著出靜了
想要趕快回來
重複剛才的經驗
這個調身調心的工夫
調息的工夫沒有用好
接下來的香
就會坐得
可能很糟糕
可能就坐不安定了

動態過後
不管是拜佛經行
或者喝水洗手

進到禪堂
入靜的時候
要把身根先調好
禮佛的時候
心就已經在
覺照全身收攝的過程中

把坐墊蒲團放好
坐在上面的時候
結跏趺坐
挺腰含胸
手結定印
雙肩平垂
下巴內收

舌抵上顎
眼簾下垂
面帶微笑
每個部位在調的時候
心是回到根身各個部位的覺照

身
調安定了
放鬆了

調呼吸
讓呼吸也放鬆
自然調和
清楚覺照呼吸

---

回到呼吸的方法

放鬆了
調身的時候
因為有清楚的覺照
各個部位的調和
心已經回到身根的觸覺
就可以覺照全身

把姿勢調好了
呼吸調好了
也放鬆了
用的是念的法門
把佛號菩薩號

提起來
以佛號菩薩號
為所緣境
或者是話頭

心
專注覺照
在所念的方法上
進入到調心的工夫
調身調息調心
而入靜
就可以進入到
止靜的狀態用功

出靜入靜
都有這個程序的運作
入靜的時候
從動到靜
先調身調呼吸再調心
靜態的時候
以調心為主
出靜的時候
先調心調呼吸再調身
入和出都有程序
靜和動
就能夠貫通起來

方法用得好
順著程序運作
動態靜態中
都能夠把方法用好
又能夠貫通
就能時時保持
在用功的狀態
禪堂中
就能夠讓自己
時時在用功

# 安住流動

在禪堂裡用功時
在靜態中動態中
練習方法
靜和動之間
也透過適當的程序
連貫起來
讓我們在禪堂裡
能夠一直保持在
用功用方法的狀態

在禪堂裡用功
即使是動態的方法
也是動態中
比較靜態的方式
因為有比較安定的過程
比較規範了
動作也比較簡單
所以在練習時
也比較能夠把方法用上

從靜到動
靜態做為我們攝心
安定清明的工夫的重心
到動態時
練習的方法
也能夠繼續保持
慢慢地
心的安定清明
會凝聚得更穩定
方法用得好
還可以體驗到統一的狀態

禪堂的用功
因為有方法

而且方法都盡量簡化
讓我們減少很多對外的攀緣
對外的追逐
即使在動態中用功
也是這樣的

在用功過程中
慢慢地凝聚
到體驗統一

如果都能夠做到了
那就是我們的工夫有了一個底

其實

更大的動態空間
不是在禪堂
是在禪堂外

每一支香
我們出靜了
身體進入了動態
也許做運動
拜佛經行
但中間會需要離開禪堂
去處理生理上的一些需要
喝水洗手
在那個過程中
還能夠保持方法嗎

有一些時候
因為生理上的急需
在走出禪堂處理的時候
就已經繃緊了
這無可厚非
因為每個人的身體狀態
都有它的需要
我們內心收攝的工夫
在這個過程中有沒有散掉

離開禪堂
動態的幅度會大一些
外緣增加了
收攝的條件就減少了

但會發現
如果禪堂用功得宜
還是可以保持在
一定的收攝狀態

把這些事情處理好了
回到禪堂
不管是直接進入靜態
還是動態用功
從禪堂外進到禪堂內
也類似一個入靜的過程
從比較大的動作
到比較小的動作
如果是靜態

就調入止靜的狀態
然後用功
這些都要能連貫起來

連貫得很好
每一支香之間
都不會互相干擾
坐了一支不好的香
當然要懂得放下
坐了一支好的香
也要放下
坐不好的香
不預設下一支香坐得更糟
坐了一支好香

不期待下一支香
能夠重複經驗
或者坐得更好
每一支香的因緣
因緣滅時
就要把它寂滅了

回到動態的用功
或者是動態生活的處理
入靜到下一支香
就是新的一支香
練習方法
基本的
調身調息調心的工夫

還是一樣地練習
離開禪堂
除了喝水洗手
短時間
禪堂外面的逗留
繼續回到禪堂來用功
這一段過程
還是不難調的

但離開禪堂
回到平常的生活
或者是在禪修裡
正常的生活

還有更多動態的事要處理
吃飯出坡
還有自己生活的處理
洗澡洗衣
這些動作的幅度都比較大
我們的覺照心
就比較沒辦法一直收攝在
我們的動作上
因為有其他外緣需要處理
但是還是一樣
透過前五根去觸這個緣
所以我們還是繼續的
保持用功原則
知道心的覺照專注的作用

繼續讓它在這些動態中去運作
可能沒辦法做得那麼安定
沒辦法做得那麼清明
但是在這些動態中
持續性地保持
覺照專注的心
在生活中的動作上
吃飯出坡
洗澡洗衣
身體處在什麼狀態
心就安住在那個狀態上
覺照專注在動的過程
不停留在任何一個動作上

在動作顯現時
清楚覺照
專注在動作上
動作過去了
下個動作起來了
隨順因緣
覺照專注
安住中流動著
就是無住
因為沒有停留
所以繼續安住在流動中的動作
就是練習

心的狀態

---

比較細比較敏銳比較專注
做得比較好
心的狀態
比較粗比較散比較遲鈍
可能就沒有那麼好
但繼續練習

在
禪堂
靜態動態的工夫
用得好
能夠連貫
心的狀態
就比較細比較敏銳比較專注

禪堂裡
靜態動態用功
沒有用得那麼好
比較粗比較散比較遲鈍
也沒關係
繼續把握原則
在動態上
不斷地練習

禪堂以外
禪修的日常生活
應該處理的動態的生活
也可以慢慢地
就在用功禪修的狀態中

這樣不斷地練習
不斷地把方法技巧
擴大我們生活的範圍

離開了禪堂
還在練習
還在用功

# 調和睡眠

禪修期間
有比較長的一段時間
是在禪堂裡用功
在禪堂裡練習
靜態和動態用功的方法
試著把靜態到動態
動態到靜態的方法
能夠貫通起來

但是

在我們的生活中
不可能沒有生理上的需要
必須要離開禪堂去處理
這個是動態的
離開了禪堂
我們的心
還能保持收攝
處於用功的狀態嗎

也即是

工夫能不能延續著
在我們離開禪堂去處理一些
簡單的生理上需要

這個時間還是不會很長
而且動作也比較簡單
如果我們在禪堂
動態靜態的工夫用得好
這一小段時間的休息
還是可以繼續攝心用方法

不過
每天我們還有
離開禪堂比較長的時間

在用餐
出坡勞作
或者是盥洗
小段時間的休息
這個時候
我們的動態範圍廣了
內容也稍微複雜一點

這一段時間
我們禪堂裡用功的工夫
或者是攝心的狀態
還能不能夠保持
很多時候會散掉

因此
我們也會提醒
在吃飯的時候
吃飯的用功
講得比較雅一點
吃飯禪
出坡勞作的時候
也有出坡禪
有一些老師就會不斷地提醒
吃飯的時候
怎麼樣繼續地保持
用功攝心的狀態
出坡的時候也是一樣的

這些動態
雖然範圍廣了一點
也稍微複雜了一些
實際上
每天在做的時候
還是會發現到
有一定的範圍與規律
還是可以持續地保持

當我們禪修
從最中心的靜態
禪堂裡靜態用功
到禪堂裡動態用功
然後到離開禪堂

簡單的一些歇息動作
喝水洗手
很短的時間
又回到禪堂來用功
到每天三餐
勞作盥洗
離開禪堂的時間
稍微長了一點點
動態的內容
複雜了一點點
空間也寬了一點點
攝心的工夫
在這個過程中
有沒有辦法繼續

連貫著保持著
一方面
有一些技巧
另外一方面
把握的是用功的基本原則
專注和覺照
覺照和專注
是不是能夠融合著應用

吃飯的時候
有沒有專注和覺照
出坡的時候
有沒有覺照和專注

在你的動態上
勞作的過程
還有你接觸到的外境
心是不是保持在
持續性地專注覺照
覺照專注
怎麼保持

動態中
把重點放在動作上
身在哪裡
心就在那裡
保持對動作清楚地覺照
同時專注在這個動作上

這個工夫
對在禪堂裡
用功用得比較安定的
能夠把這個工夫
延續到簡單的生活中
在禪修期間
還不是很難做到的事
很多用功的禪者
還是可以做到

另外一段更長時間
在禪七期間
不在禪堂內
就是晚上睡眠時間

禪修的時候
不管是日常生活的禪修
或是進到禪堂
打七時的禪修
睡眠這段時間最不好調

一方面是
離開禪堂的時間比較長
另一方面是
在這個狀態裡
心覺照的作用
都像是關閉了
因為我們的意識
會進入到一種

昏昧昏沉的狀態
某種程度上
也是像無記的
只有在做夢的時候
還有獨頭意識的運作
但是常常都不能
很好地去把握它

如果睡眠的品質
又不是很好
可能在睡眠過程中
會受到一些干擾
導致休息的不足
影響生理

也就會影響心理

我們還不能完全做到
在睡眠中可以無夢
因為進入深層的睡眠狀態
也不能夠做到
在睡眠的狀態中
繼續保持心的清明

我們就盡量地
在醒覺的時候用功
在生理上保持
一種放鬆的狀態
在心理上也保持

---

一種放鬆的狀態

在睡眠的時候
放鬆身心
讓身體好好地休息
有時候在過程中
也可以把用功的方法
比如說靜態中用功的
觀呼吸觀念佛觀全身
在臥下來的時候
提一念的清明
觀呼吸觀念佛觀全身
讓自己的身體
隨著它的需要

進入到睡眠的狀態
很放鬆的話
就能夠睡得比較好

但是
很多長期養成的
睡眠習慣
經常也會在禪修期間
顯露出來
大眾一起
很多時候
相互的影響是會有的

但這個時候

要保持的就是放鬆
尤其放鬆我們的心
學習著
不被這些外在的狀態
影響干擾
保持在睡眠時
繼續地放鬆
讓自己的身體好好地休息
當然工夫用得好的
就不會有外在的影響
也不會有生理上
因不放鬆
導致睡眠不是很好的狀態

禪堂裡的用功放鬆
平時動態的放鬆
保持攝心的工夫
會幫助我們在睡眠的時候
休息得更好
當我們回到禪堂的時候
精神狀態會比較好
也就幫助我們
在禪堂裡用功時
能夠放鬆地
保持良好的狀態
進入到靜態動態的用功
這樣一天下來

我們都保持在良好的
貫通的循環上
每一天的禪修
都能夠順著這個
良好的循環運作
我們在禪七中用功
要學習
能夠用上的工夫

# 回到方法

在禪修期間
大部分的時間
都在禪堂裡用功
靜態動態的方法
交替著練習
也設法學習
讓它們之間能夠貫通起來

在禪修期間
禪堂內的用功

是中心的部分
但是我們不能忽略
正常生活中一些運作
都是動態的
相較於
在禪堂內用功的時間
禪堂以外的動態
時間上
比較少和短
而且禪修期間

我們的生活比較單純
雖然有一些動態
但是還是比較容易
運用動態用功的方法
除了睡眠
我們可能比較不易掌握
其他時間
能夠攝心
基本的工夫
還是會在

但是
我們會發現
禪修課程的參與

以及課程的時間
在我們整天的生活中
常常屬於少數
時間也比較短

回到我們日常生活
我們不可能有
像在禪七中
那麼長時間
禪堂內的用功
即使有共修的課程
包括自己安排的
每天生活中的靜坐
靜態用功

時間也不會太長
所以在我們日常生活中
禪修的中心這部分
在比例上就會很小
大部分時間都在動態中
而且也不是禪堂裡
動態用功的那種狀態
是禪堂以外的日常生活

離開了禪修課程
日常生活的這些動態
不只是比禪堂複雜得多
接觸面
更廣更複雜

所以這個層面的用功
是禪修中
最大的挑戰
最大的考驗

大多時候
我們在面對日常生活
那麼廣那麼複雜的外緣
覺照專注的工夫
常常都凝聚不起來
心也不容易收攝回來
這是正常的

在禪修期間

如果能夠把工夫
用得深用得好
我們內心
覺照專注的作用
還是可以隨時凝聚
心在面對各種外緣時
隨時可以借用
禪修用功的方法
來收攝來內觀

比如
念佛觀呼吸
或是
回到全身的覺照
或者
念話頭
這些方法
我們是不是
能夠隨身隨心帶著
隨時隨事隨處
就能夠用上呢

如果能夠做得到
凝聚收攝的工夫
還是隨時可以回來
對日常生活中
面對範圍又廣
內容又複雜的外境

應該會有一定的作用

如果我們
在練習動態用功的時候
覺照心專注心
都比較清明
比較安定
日常生活的動態
也比較能夠隨時回到
身心當下的狀態
覺照專注
那也是有用的
在禪堂裡

---

靜態和動態用功
練習方法時
要讓這個方法
與我們的身心融會
讓這個方法
能夠深入我們的心
可能在用功的過程中
沒有很明顯地
發揮它的作用
可是在日常生活中
各種考驗來的時候
你發現到
你的心

能夠很快地
回到靜態和動態的方法
那就表示
禪堂裡的用功用心
它真的發揮了作用

禪修方法的運作
最不容易貫通的
就是回到日常生活中
如果我們發現到
日常生活中
這些方法
雖然不像在禪堂裡用功
那麼有力那麼收攝

可是在需要的時候
工夫就在那裡
那這個貫通
就慢慢地發揮
禪修的生活
與我們日常生活
就不再是兩種狀態
而是能夠慢慢地
相互貫通而融會

如果又能夠真正
把整個生命整個生活
都融會為禪修的生活
也即是

日常生活與禪修的生活
形式上儘管有不同
可是我們的工夫
用功的一些善巧
用功的基本原則
都能夠一直持續地保持
日常生活中
就如同禪修生活的狀態
即是工夫成片了
不再是一塊一塊地各不相干
而是融成一片
禪堂內外
道場內外
禪修生活和日常生活之間

不再有任何的隔閡
而是連貫成片
那才是圓滿完整的禪

# 內外增上

禪修的生活
和我們日常生活
要能夠連成一片
但是它的中心點
還是在禪修
就是把我們的生活
讓它禪修化了

以禪堂用功為中心
慢慢地把我們的工夫

從靜態到動態
從禪堂到禪堂外
從禪修課程
到禪修課程以外的生活
一層一層地
不斷地把禪修的方法
擴大融入
讓我們在日常生活中
也一樣地能夠
持續性地用禪修的方法

不只是禪修
也用禪修的方法來生活

當然這個需要我們
不斷地練習
不斷地把工夫往內心
深入地熏習
或者是往內扎根
不斷地讓內在本然性的
定慧的作用
能夠完整而自然地發揮出來

除了用禪修的方法
在每天靜態的用功中

動態的時候
也都保持著用功的善巧
把握用功的原則

除了用禪修的方法
不斷地增長我們的智慧
真正在用功的時候
我們的智慧不斷地增長
也會發現到
心裡很多良好的品質
它也會散發出來

在佛法的修行
日常生活中

也有很多善法善行
我們要去運作的
有時候因為學佛
透過佛法的認知
佛學的一些知識
知道一些
好的行為善的行為
依佛法的指導
我們就會去做

我們在做的時候
就是依著佛法的教導
比如
我們去布施

我們知道有一些不好的行為
不要做
那就是持戒

在初學佛法的時候
當我們做這些事情
都有外在的鼓勵
或者是外在的規範
讓我們知道
什麼是應該做的
什麼是不應該做的

但是
如果我們禪修

漸漸地
我們內心的智慧增長了
也就是本然性的
慧的作用
慢慢地更好發揮的時候
我們就會發覺到
我們有很多善的行為
良好的品質
它是很自然地
從我們的心顯發出來

佛法的引導
從外而內
讓我們知道去做一些事情

用功修行的時候
也能夠由內而外地
去實踐一些善法

當我們比較需要外在的引導
知道自己應該做的事情
我們就去做
這是外在的作用
在引導鼓勵我們去做
如果我們修到
發覺到很多類似這樣的行為
即使沒有外在的引導鼓勵
我們也會比較自然地
從心裡散發出來

這就是我們
慈悲的心
這也是我們內心具有的
良好的品質

無貪
我們就不會有苦
我們就會想到
自己在減輕苦的同時
也能夠幫助眾生
減輕這個苦

無貪
沒有愛染的追逐

但是知道
因為能夠滿足而快樂
自己能夠享受到快樂
包括在修行的時候
或者在行持種種善法時
心裡會有一種
很充實很滿足的樂受
知道自己
因為學佛而樂
還能夠趣向究竟的樂
我們就知道
我們就體會到
眾生
更多的眾生

也在尋找這樣的樂
所以我們就很願意
去跟眾生分享
我們也很願意去分享
眾生因為修行
因為學佛
而能夠品到的樂

我們自己本身
不斷地在透過修行
清理一些煩惱
拔除一些苦
我們也知道

眾生也是在用功修行
也在清理他們的煩惱
拔除他們的苦

當我們學到了
如何清理煩惱
拔除苦的方法
我們也很願意去
教導眾生
幫助眾生
也能夠減輕他們的苦

給予快樂
給予自己快樂

給予眾生快樂
分享快樂
拔除苦惱
拔除自己的苦惱
減輕眾生的苦惱
都是我們願意去做的事

當我們修行用功
內在的智慧
不斷增長的時候
發自內心的慈悲心
也會不斷地增長
我們就把它應用到
日常生活裡

---

這也是一種
日常生活中的禪修

就讓我們的生活
都在修禪
有比較內向的用功
也有比較外向的用功
外向的用功
會與其他的眾生
在相處互動中發揮
有智慧有慈悲
有內向有外向的修行
我們日常生活
也就時時處處在修行

# 在過著禪修的生活 禪的生活

# 空性智慧

在整體的生活中
日常生活一直都是
最主要的組成部分
當然也有一些修行的人
他們在深山裡
或者是在禪林裡
乃至中國佛教的禪堂裡
長年持續性禪修
這個時候
他們的日常生活

就是禪修的生活
大部分的人
甚至包括很多已經出家的
要能長期在深山
禪林禪堂裡用功
其實也不多的
大部分還是
要在日常生活中
過正常的生活

當我們在禪堂裡用功時
用靜態動態用功的善巧
把握用功的原則
把我們的身心
調得更好
然後再慢慢地
把這個調和的工夫
禪修的方法和原則
運作到日常生活裡

我們也知道
在不斷地往內修行用功時
智慧會增長
同時也會讓我們

引發一種度眾生的慈悲心
自受用到他受用

我們以慈悲心
做為日常生活中
和大眾相處互動的一種心理
就會讓我們在日常生活中
時時保持著一種
正面能量的運行

在面對大眾的時候
面對眾生的時候
都希望我們和眾生
能夠增長快樂

從修行的快樂
到究竟的快樂

過程中
我們也學習
自己怎麼樣減輕自己的苦惱
也學習著幫助眾生減輕苦惱

當我們自己在用功時
很用心地去練習這個方法
不斷地往內修
智慧增長
自己就受用法喜
受用到修行真正的喜樂

---

知道禪修很好
知道學佛很好
就更有信心地
去弘揚佛法弘揚禪法

在這過程中
還有一種很重要的心理
我們之所以能夠
有因緣來用功修行
自受用到
佛法的種種好
禪修的種種好
是因為有很多其他的因緣
很多的善知識

很多比我們更早學佛的一些大德
他們努力地在做著
他受用的
一些事情一些工作
才讓我們有
學佛修禪的因緣
所以
我們就發自內心地
去感恩這些因緣
我們很自然地
就有一種回報的心理
自受用了以後
會去從事各方面的
他受用的一些

可以做應該做的事
如果我們把這感恩的心
應用在日常生活時
就會發現到
不只是在學佛禪修
有很多的因緣促成我們
即使在日常生活中
所有的因緣
圍繞在我們身旁的
甚至有一些看不到的
都對我們的生活
對我們的生命
發揮了一定的作用

我們也感恩
這所有的因緣

很自然地
當我們禪修自受用
當我們回到日常生活
實踐慈悲的行持時
能夠把這些事情
做得更好做得更深徹
更進入到我們的心
就是因為我們知道感恩
因為我們有感恩的心

在我們做任何
他受用的事
做任何與他人
相處互動的善法的時候
發自我們內心的感恩心
是沒有條件的
因為我們只是在回報眾生而已

在回報眾生時
回報善知識
回報三寶
那是發自內心的感恩心
然後很自然地
我們就會去做
而且在做的時候

不會再附加任何的條件
因為我們是在回報

當內心有這樣的心理時
我們就會發現到
我們的生活中
其實沒有任何不如意的事
因為我們
不是在追求任何的東西

外在所有一切存在的因緣
跟我們之間的關係那麼密切
而且對我們的生活
甚至對我們

整個生命的成長圓滿
都是那麼重要的因緣
那麼重要的助緣

佛　菩薩　聖者
禪師　祖師
還有修行的人
為什麼能夠那麼無私地奉獻
因為體會到
一切眾生
一切因緣之間
相互聯繫
環環相扣的
緣起法則

從事相上看
沒有一個因緣是獨立的
我們所做的
任何對眾生有利益的事
都是在回報眾生的過程
這是從整個事相現實中
我們能夠體會到的
緣起緣生的現象
緣起的法則

我們在做這些事情的時候
乃至在感恩回報的時候
心裡也可以放下所有的執著
包括自我的

包括其他的
因為我們知道
緣起的法則
本性是空的
內心裡就沒有罣礙
只是隨順著因緣
去把我們能做到
應做的事情
把它做好

內心又有對空性體會的智慧
所有外在的行為
他受用的種種作法
在自受用的體驗智慧中

就能夠把它放下

心

沒有任何的罣礙

沒有任何的追逐

沒有任何的要求

即使我們還不能夠圓滿地

或者是開悟地去體驗

但是

我們可以時時提起正念

以感恩心過日常的生活

以慈悲心

做能夠做應該做的事

以智慧心

---

空掉內心種種的執著

禪修

就成了生命的全部

整個的生活

整體的生命

都在禪修

都是禪

〈第四篇〉

# 禪悅自在

（二〇一九年六月十三日至二十五日　僧眾結夏・禪十四）

# 靜坐調身

在禪修的時候
靜態的用功
以靜坐的方法
來練習來禪修
是禪修最核心的部分
所以在密集課程用功時
會把大部分的時間
都在靜態中用功
在禪堂裡禪修時
也是如此

靜坐的靜態工夫
是核心的部分
卻不是全部
不過
它是核心是根本
也是非常重要的

在禪修運作時
加入了動態的方法
也需要把禪修的工夫

連貫到其他動態的生活裡
甚至我們認為
禪就在生活中
因為動態始終是
生活最廣的部分

當然這兩方面的生活
不能分開
不能認為
只有在禪堂裡靜態用功
才叫作用功
在日常生活中
也需要時時刻刻
都有禪修的工夫

但是靜態用功
它就是核心根本的部分
如果這部分運作得不好
或者工夫用得不深
乃至不能扎根
我們就沒有辦法
或者很不容易
在我們的日常生活中
保持禪修
保持用功的狀態
所以
在整個禪期的運作中
一定要回到這個核心
靜態用功

靜坐的方法
是完全不可以忽略的

雖然從古代的典籍裡
看到很多禪師
他們的行止
看起來好像都是在動態中
甚至有一些開悟的過程
都在動態中運作的
但是這些禪師
之所以能夠有這樣的行止
完全是建立在
他們深厚的靜態的工夫上
只是這個部分

禪宗一直以來
沒有很好地傳達
沒有去渲染它

在禪修的時候
如果我們是很認真
很用心地在用功
慢慢地就會體會
靜態中的工夫
靜坐方法的重要性
我們就會更認真而用心地
把這方面的工夫用好
因此
在密集課程進行時

在禪堂用功
一定要把靜坐的工夫
很紮實地
把它扎根下來

在整體的漢傳禪法中
這部分的教學次第和系統
實際上也很完整
從典籍裡
都可以看到
都可以找到完整的資料
這些都是很重要的指導
我們一定要
很好地去應用它運作它

在靜態用功的時候
主要是以坐為主
因為在坐的時候
可以保持整個身體的安定
放鬆和內攝的狀態
我們練習著
怎麼樣把腿盤好
建立了一個
非常穩固安定的下盤
再透過生理各個部位的調和
讓整個身體
是處在完全放鬆的狀態
這個姿勢
是依照身體整體的架構而設定的

當身體調好了放鬆了
整個姿勢呈現出來的
就是一個內攝的狀態
身體的語言傳達了這個訊息
也就讓我們知道
我們的內心
也需要同時和身體相應
讓它處在一種安定放鬆
內攝的狀態

可是我們的身體
在成長的過程
它不一定能夠保持在最良好的狀態
其中經歷了種種歷程

四大和合而成的生理結構
必然會因時間流逝的過程
出現一些衰退老化的現象
這無常的現象是正常的

在運用靜坐的姿勢打坐時
希望把我們的身體
放在最安定最放鬆
和內攝的姿勢上
不過身體的狀況
可能沒有辦法完全符合這些條件
也因為我們要把身體
放在最佳位置的時候
調和放鬆的過程中

一些問題狀況
就會慢慢地顯露出來
這也是在靜坐的時候
必須要面對的事實
不能逃避它

當我們坐下來的時候
身體就會告訴我們
它正處在什麼樣的狀態
良好或是不良好的狀態
我們都必須要面對
同時也要接受這個事實
繼續用我們的方法
來調和來處理

我們不一定能夠把身體
處理到最佳的狀態
但是在練習方法
調和處理的過程中
一定會有一些改進
工夫用得比較好
還可以深入到
比較內在的本能狀態去調和
讓我們的身體
可以保持基本的健康

在調和處理的過程中
慢慢地就可以放下
對身體的執著

對這些比較不理想狀態的執著
我們的身體
就能夠處在安定放鬆
內攝的狀態中

因為放下了
它就不干擾我們的心
不再引發許多與生理有關的妄念
讓我們在調心工夫上
能夠做得更好

在密集課程
在禪堂裡用功的時候
要把工夫

禪修的工夫
往下扎根
調身的工夫
用靜態的方法
靜坐的工夫來調和
是修行者要用心地把它做好的

# 抽離止靜

靜態用功
靜坐的方法
是禪修核心的部分
是很重要的

但是很多時候
我們只是在觀念上知道
在實際運作時
不一定都能夠了解或體會
因為靜態用功

在整體運作時
它的重要性
有不同的層次
如果我們不了解這些層次
在用功的過程中
就沒辦法有次第地發揮
靜態用功的功能

首先最表層的
就是讓我們先靜下來

這個靜下來
在整體修行
包括禪修的工夫
與日常生活中實踐佛法
這樣一個整體的用功裡
是最先將我們的身心
從日常生活中屬於動態的
五根應對五塵的狀態中抽離出來
這個出離
對整體的修行
是一個很重要的過程
因為即使學佛了
我們對佛法有了很多

甚至很深的理解和知見
也在日常生活中應用佛法
學習在日常生活中
運用各種法門
但是這些實踐
還是比較外相的
也需要通過五根緣五塵運作的
在這過程中
我們會接收到很多外在的訊息
這些訊息
有正面的有負面的
也有很多是雜染紛擾的
當我們不斷地吸收這些訊息

進入到心比較內層的作用時
就會產生一些煩擾
也擾亂了心的作用
雖然我們一直不斷地在實踐善法
但是卻常常會感覺到
我們的心力
在面對這些狀況時
常會有不足的現象
就是不懂得或是雖然知道了
仍然沒辦法去調和我們的心
再用調和的心去處理這些問題
如果我們一直持續地
保持這種狀態

我們的善法
可能就停滯
沒有辦法推得更廣
也沒有辦法做得更深
甚至我們自己
都會被這些很負面的訊息
雜染紛擾的狀態
擊退了
很多時候
我們在忙於事業時
慢慢地就發覺到
這個衝擊力很大
大到我們沒辦法去應對它
有一些人在過程中

就退失了信心
退心了
就沒有辦法繼續走下去

如果我們有機會有因緣
在這個過程中讓自己先抽離
出離這些狀態
讓自己靜下來
調和自己的身和心
因而產生了對治的功能
對治動態中的紛擾雜染等
種種負面的狀態

在某種程度上

這個過程也是一種避開的作用
當外在的這些作用
向我們衝擊而來的時候
首先避開這強大的衝擊力
讓心先安定下來

在這層面
靜態用功
看起來是比較消極的
因為我們必須要避開
這些很強的衝擊力
然而
當我們有機會出離這些狀態
隔離這些衝擊時

在靜態中
慢慢地把心沉寂下來
因為減少了這些衝擊
或直接干擾的力量
我們的心
才能有喘息的機會

在靜態用功時
這些負面的作用
因為長期侵入了我們的心
在心的內層作用中
還是會不斷地翻滾
那是因為心在動態中
面對衝擊時避不開

只好把它承受下來
長期累積後
形成了慣性與煩惱

不過
因為在靜態用功時
我們有方法
靜態用功的方法
首先著重在心的止靜
安定地運作
當我們不斷地
把心收回到方法時
讓這些長期累積的慣性
長期累積的煩惱

處在一種自生自滅的流動過程中
我們避開了它
不去理會它
安心地在方法上
這些衝擊力就沒有那麼強
而且在長期運用方法的時候
也會慢慢地減弱它的作用
這個層次
是靜態用功時
能最先發揮出來的功能
但是這個部分
也是靜態用功中

---

很不容易度過的難關
一方面是因為
與我們的生活習慣
有很大的不同
與我們日常的生活方式
有很大的差距
在日常生活中
我們的五根
已經習慣了攀緣追逐和抗拒
在靜態用功時
就要把這些習慣放下
先從生活中
這些強有力的慣性
與外在的干擾

抽離出來
然後再用出離的心
運作我們的方法

初學的階段
就是在處理這些問題
如果不透過靜坐的方法
靜態用功的話
我們就沒有辦法
讓自己的心調和
讓它止靜安定下來
因為我們還是會
順著慣性煩惱
去追逐去攀緣

那我們的煩惱就會形成
一圈又一圈
甚至一團又一團的輪迴作用
生命不斷在這流轉的過程中
我們的負擔就愈來愈重
當我們承受不了的時候
可能就會崩潰了
即使勉強支撐下去
這個輪迴的作用還是太強
招感到的苦果
還是一層又一層地浮現

在修行的時候
了解知道這種狀況後

練習靜坐的方法
用靜態的工夫幫助我們
先適當地以出離心
抽離這種種負面的狀態
讓我們的心
有回頭安定
止靜下來的因緣

# 正知正行

在靜態用功時
首先做到的
就是從動態
乃至動亂的生活
抽離
避開動態生活中
五根不斷攀附五塵的狀態
過程中
有些狀態

是一般的平常的
但有些時候
也會出現一些
散亂雜染的現象
在根和塵互動時
吸收了這些狀況
甚至
熏入我們的心
這樣的動態生活

我們每天都要面對
就會累積很多
負面的作用和情緒
導致我們內心的
種種苦惱不安
但也是一種慣性
讓我們很難不隨著它轉
形成了沒有止息的
輪迴的作用

如果我們有機會
靜下來
就可以先從這種狀態中
抽離

這樣的出離
至少會幫助我們
減少外境的干擾影響
所以在靜態用功時
訶五欲和守根門
是基本的工夫
也是靜態用功
首先能夠發揮的作用

但是
這種抽離
與現實生活的關係
還是很密切
之間的連貫

還是很緊密
靜態中用功
最表層的功能
雖然是能夠幫助我們出離
但是我們的慣性太重
這種初學靜態用功的方法
它還是處在
比較表層的作用
生活和靜態用功之間的聯繫
還是這麼緊密
因此
這個階段的用功
其實是最不容易的

也是最艱苦的部分
因為一下子要從動態
很快地轉入靜態
把許多的慣性
很快地把它放下來
我們的身和心
都必須去調適去調和
所以在這個階段用功時
會發覺到
生理的種種不適
生理的種種狀況
問題很快就浮現出來

雖然在初階段
靜坐的時間不長
但是相對於平時
不斷地在動的狀態中
就顯得有點冗長
所以生理會有很多的不適應
就浮現了各種不同的反應
這些反應
都讓我們覺得是比較負面的
因為從覺受的角度
它是不舒服的
甚至覺得很苦
在平時的動態中

我們是用逃避的方式
來逃避這些不舒服這些苦
可是靜態用功時
我們就得以一種靜的狀態
去面對
去直接地覺受它
當我們把它認為是不舒服的
是苦的感受時
以我們平時的慣性
當然就會有一些
負面的反應出現
如果又以這負面的反應
來處理的話

又會被捲入平時的慣性中

因此
就必須學會接受安忍
確認這種狀態是
用功時正常的過程
是不能逃避的
如果你真是想要用功
也無可逃避

當我們在認知上
有了這樣的理解
就能夠面對它
接受安忍

然後繼續保持靜態的工夫
以靜坐的方法
靜坐的姿勢
放鬆的身體
以內攝的作用
來處理這些問題
這些不舒服和苦的覺受

開始時
會有很多的心理掙扎
乃至生理的掙扎
但我們有了正確的理解
建立了正確的信念
有信心去克服這些問題

所以
繼續地靜態用功
繼續地練習靜坐的方法
讓這些問題
一層一層地
慢慢地脫落

靜態
幫助我們從動態中
抽離
也讓我們避開
動態中所累積的問題
這樣的一種出離
對整體用功是重要的

因為
如果不能夠讓我們的心
漸漸地安定下來
就沒有辦法往內心更深層
去深入用功

假如沒有把它處理好的話
我們的身體
經常會成為我們
深入用功的障礙

同樣地
在心理上
我們從現實的雜染散亂中

抽離出來
不再去攀緣追逐和抗拒
衍生煩惱的作用

在靜態的時候
初學的階段
我們要直接切割
動態生活中
這種雜染散亂的現象
非常不容易
我們的心
會很緊很躁
甚至很亂

當然
我們同樣地去理解
這是一個過程
但往往因為衝擊的力量比較大
所以就需要更多的用功
更內攝的一種方法
來幫助我們

如果我們能夠持續地
保持用方法的工夫
一直不斷地把自己的心
收攝安住在方法上
讓自己的心
漸漸地安靜

沉寂下來
心理上這些負面的作用
它輪迴的力量
就會慢慢地減輕

漸漸地就發現到
我們的心可以凝聚
在凝聚的時候
安定了
甚至能夠達到
一心不亂的工夫

這是靜態用功
最初的階段

---

也是最不容易度過的
需要有足夠的信心
這源自正確的
認知知見與信念
也要有適當的正確方法
來幫助我們

正在用功的時候
我們把握了具足了
這些因緣條件
將它應用到實際的工夫上
好好地用功

# 調和凝聚

在靜態用功時
有多重的作用
應用靜坐的方法
調和我們的身心
如果知見正確了
方法也對了
把握了原則
靜態用功
就會順著不同的層次
漸漸地深入

在初學的階段
尤其是我們剛剛覺知到
靜態用功的重要性
而且有因緣來禪修
用密集的方法
在禪堂裡用功
第一層做到的
就是抽離
用出離心抽離我們的生活
從紛擾惱亂的動態中

抽身
進入到禪堂
轉入靜態的工夫

這個階段很重要
但往往也是比較艱苦的
因為要調整
甚至改變日常生活中
一些慣性
改變我們的習慣
是很不容易的
因為長期累積
有些習慣已經變成了
比較堅固的作用

尤其會重複地運作
這也是一種輪迴

輪迴的苦
即是這種慣性
不斷地重複
我們的身心
就不能從生活的種種慣性中
解脫而自在
所以
我們要先適當地抽離

這個過程中
會有心理上的矛盾

掙扎乃至拉扯的過程
當然還有表相的
生理的問題
生理種種的狀況
也因長期繃緊的生活
導致不同的繃緊
阻塞的作用現象
如果不處理
我們就長期被束縛在
這種輪迴的狀態裡

我們先避開
也即是先從煩擾惱亂的生活
抽離一下

讓促成輪迴的外在因緣減少
外在的五塵
由於五根的接觸
引發了內在各種的欲
追逐或者抗拒
也就是貪瞋的習氣
與它對應重複
然後輪迴
因此先將這些現象
做適當的隔離
讓我們的身體先安靜下來

在安靜的狀態
比較內攝的時候

我們放鬆了身心
面對這些問題時
有正確的認知
接受身體所現行的
各種反應和狀態
再應用禪修的技巧
禪修的方法
幫助我們
出離調和

這個過程比較艱苦
因為要去對治去處理
身體所浮現出來的各種問題
在這期間

身體過度地疲累狀態
導致我們掉入昏沉
處於昏昧無明的狀態
同樣地要面對要處理它

如果
比較艱苦的這一層
在技巧的把握
信心的建立
用功的原則能掌握好
稍微深層的原理
或者理論的認知學習
我們就能漸漸地
把這些問題處理得比較好

漸漸地就會進入到
第二層的作用

第二層的作用
不是建立在第一層上
而是在第一層用功時
應用禪修的方法
把握禪修的原則
在這過程中
漸漸地凝聚
這是因為在第一層時
外在的干擾生理的干擾
還是比較重
所以不容易覺察

這比較內層的作用
其實就是一種凝聚力

我們對治外在所引發的
導致身心種種不舒暢
種種煩擾的狀態
在應用方法的時候
還是會有因為對治
而產生的一種
類似對抗的作用

當我們把方法
漸漸地應用得更好時
我們發現到

不需要對治這些問題
也不必與它們對抗
不必與它對立
因為這些問題
是我們身心的
不是外來的
既然是身心的問題
只要把身心調好
這些問題
漸漸地就會減輕
乃至滅去
我們只要把握用功的原則
不斷地練習方法

當我們把方法用好的時候
就會發現到
當我們的身體
能夠完全放鬆下來
當我們的心
在放鬆過程中
慢慢凝聚的時候
日常生活中所累積的問題
慢慢地就不是問題了
當我們的心凝聚得
有一種安定作用的時候
不是這些問題不存在了
可能我們的身體

還是會痠痛麻痺
可能我們的心
煩惱妄想還是很多
可能還會發現到
身體會掉入昏沉的狀態
但既然這些都是我們的身心
長期的造作和累積而有的
只要能夠把身心
調和了放鬆了
這些問題
慢慢地一部分就會減少
乃至消失
即使還有一些可能還在運行
但在心理上

安定清明的心
在看待它的時候
面對它的時候
會發覺到
都不是問題
那我們就把這些放下了
不再被它影響干擾

靜態用功
調入第二層的時候
其實就是用方法
凝聚我們的心
讓我們的心
保持在一種安定調和的狀態

如果我們的身心
還繼續有一些問題
或者一些狀況浮現
我們凝聚的心
安定清明的心
就不會被影響
不會被惱亂
那我們靜態用功
稍微深一層的作用
就發揮了

# 安定喜樂

當我們
從紛擾散亂的生活中
抽離出來
到禪堂內
靜態地用功
運用方法來修禪
這靜態用功的第一層工夫
就是讓我們能夠先抽離
在不斷地練習方法後
會發覺到

我們的心
慢慢地凝聚

我們之所以需要抽離
即是發現到
自己在紛擾的外境中
沒有力量去處理很多的事
而且很容易掉入
也被捲入
紛擾生活中的種種干擾

形成了不斷地輪迴

這種狀態
也反映了心的一種
散亂的現象
散亂的心沒有力量
雖然也有一些覺知的作用
這個時候反而發現
愈多的覺知
自己的心就愈散亂
也被捲入種種的紛擾中
抽離的作用
就是幫助我們先避開

但是暫時避開
還是沒有辦法
安頓我們的身心
因為大部分的時間
我們還是要回到現實的生活
去面對這些紛擾的外境

在靜態用功時
也可以慢慢地體會到
即使在靜態中用功
我們的身心
還是會把許多的慣性帶進來
因此
在面對這些慣性的時候

我們還是先避開
這些慣性所引發的干擾
避開它
是一個不得已的方法
因為沒有抽離
沒有避開
就會被捲進去

但是
只是避開抽離
問題依然在那邊
避不開的時候
抽離不了的時候
還是同樣地會被捲進去

所以就必須要從
更內層的作用去著手
那就是
提高心的力量
讓我們的心有能力
在避不開
或者是需要直接面對時
能夠不被煩擾不被惱亂
所以我們會發覺
在靜態用功時
所用的方法
就是在凝聚我們的心力

開始用方法時

是轉移我們的注意力
而專注在方法上
這是一個過渡時期
也是一個必須要經歷的過程
當我們不斷地離開干擾
回到方法
或是不理會這些紛擾
回到方法的時候
在不斷地練習下
對方法愈來愈熟悉
發覺到我們的心
能夠很專注地在方法上
這專注的收攝的作用
就讓我們的心

---

漸漸地凝聚

當心漸漸凝聚
不再分散時
它的力量
就漸漸地增強
到一定程度的安定後
我們就會發現
即使那些紛擾的外境還在
可是
心不會被動搖

在靜態用功時
身體有一些狀況

可能還會繼續地維持
長期累積的妄念
還是會很多
但當我們的心漸漸凝聚
而安定下來時
再去面對這些狀況
就不會被影響
不會被干擾
身體可能還是
會有許多不同的覺受
凝聚安定的心
不會被它擾亂
也不會跟著它轉

同樣地
可能我們還能夠覺知到
意識裡有很多的妄念在紛飛
但是
凝聚而安定的心
卻不會再被煩擾
即使直接面對
安定的心
還是不會隨著妄念轉出去
而是安穩地清楚地
照見這些妄念
看著它們自來自去
心不動搖
因為這個時候的心

凝聚了安定了

這個時候
往往也會發覺到
之前生理上的各種覺受
尤其是不舒服的覺受
會讓自己去對抗
產生負面反應的狀況
或是對比較舒服的覺受
會生起染著不捨的心
妄念的情況也是如此
不是對抗就是追逐的狀況
當我們的心
凝聚而安定的時候

---

就不再被這些狀況干擾
不再因此引生負面的情緒

不舒服的覺受
來了去了
各種紛擾的妄念
來了去了
安定的心
都沒有動搖
這些覺受和妄念
就不再是問題
也就不再引生
其他的妄念和煩惱

不斷地把心
收回到方法
以方法來安住它
讓我們的心
在不斷練習方法時
因為方法練習比較熟了
有所安住了
這種凝聚的作用
自然地就會
慢慢地比較堅定
安定的力量
也就慢慢地愈來愈安穩
這個時候再用功
就會發覺到

所有的覺受和妄念
不再形成一種向外拉的力量
自己也不會跟著它去轉
或者去對抗它

之前用避開的方法
導致了身體很多狀況
和心裡很多妄念的浮現
覺得比較艱苦
可是當心慢慢凝聚時
就會有輕安的感覺
一方面很放鬆
一方面又很安定
那些比較干擾的

讓自己覺得不舒服的部分
就會過去

心凝聚的時候
就會處於一種輕安境
很放鬆很安定
因為不煩擾
因為沒有被外境影響
漸漸地就體會到
比較內在的喜悅和安樂
這種喜樂
與外在追逐的快樂不一樣
它是比較安定的

當我們的心
在運用靜態的方法
練習到比較深層的作用發揮時
就不會再有那種
艱苦掙扎和矛盾的過程
這種輕安境
會讓我們當下
有一種比較內在的喜樂
這個時候對於用功
就會更有信心
更有好樂
而想要繼續深入

# 正念念佛

靜態用功
從抽離到內攝
也就是從外向內
工夫的調和
一層一層地
工夫的運作
它的重點
就是在方法的應用

知道了靜態用功的功能

---

這是一種認知
我們把認知
化為一種實際的行動
重要的關鍵
就是在方法
或者技巧的應用

我們把身體
從平常生活的動態中
抽離出來

讓身體靜靜地
安放在坐墊上蒲團上
調好我們的姿勢
因為要比較長時間安靜
所以姿勢就很重要
適當的姿勢調好了
才有辦法
長時間耐坐
長時間調和
所以要學會調身的技巧

千百年來
從佛陀
甚至之前的老師
到傳承歷代的祖師
直到我們
靜坐的姿勢
經過了那麼長時間的
傳承試驗
的確能夠證實有效

這也是根據身體
生理的結構
把它調在一個
完全放鬆的狀態
這個可以完全放鬆的姿勢
其實就是順著
生理完美的結構去設計

如果我們的身體
它的架構是完美的
我們一擺上這個姿勢
就能夠非常輕鬆地
長時間地坐著

可是大部分的人
身體的結構
它的完美性已經不在了
因為長時間各種姿勢的需要
成長的過程中
面對各種的問題
對身體或多或少
或重或輕的

造成了不同程度的傷害
所以當我們想要把它
放在可以完全放鬆的姿勢時
長期累積的各種傷害
很自然地就會被發覺出來
這就是在調和身體的過程中
最不容易的一個過程

因為這些長期累積的問題
浮現出來的時候
會讓身體出現各種不舒服的覺受
當然就干擾了我們
想要用功的心
如果不了解這種狀況

心容易被惱亂
而退失了用功
或繼續努力下去的信心

當我們知道了
就繼續用這個方法
也就是調和的姿勢
來達到某種程度的修復
即使傷害比較嚴重
無法完全復原
但是在修復的過程中
它漸漸就能夠
讓身體本能的作用發揮出來
可以讓身體保持

基本的健康狀態

當我們在調身體
從粗到細的時候
其實也就是一個從抽離
而轉入內攝的過程
在這過程中
就很容易發覺到
生理的問題
會影響我們的心理

心理從粗調到細的時候
從外在的紛擾抽離
而想往內攝

抽離的時候
雖然我們先避開了
五根攀五塵的紛擾
但卻又必須面對
生理不舒服的覺受
還有內心
比較內層的作用
長期累積的慣性煩惱
形成的妄念
不斷地煩擾我們
惱亂我們
因此
在收攝內攝的過程中

先要把心沉澱下來
把心收攝
讓平時習慣分散的心
集中在一個
設定的方法上
這就是我們
修禪基本的工夫
也是最基礎的方法

我們設定了一個所緣境
所緣境是根據身體的觸覺
或是意念中念的作用
假如是放在身根的觸覺
可以覺察我們的呼吸

體驗我們的呼吸
把心安放在呼吸上
清楚覺知
呼吸的進和出

在比較穩定的時候
知道這種專注
經常是斷斷續續地
就再用數的方法
把數目字輕輕地放在呼吸上
配合呼吸的進和出
然後數著它
加強了覺照的心
讓我們在專注呼吸的時候

---

如果工夫中斷了
很快就能夠醒覺
即刻就回到方法
把斷的部分慢慢地減少
乃至讓工夫
持續不斷地運作
我們的心就進入到
某種程度的安定
在安定的時候
保持清明的覺照
安定和清明
漸漸地凝聚

如果我們把工夫收回到

心比較內層的作用
從紛擾的妄念中
作意地把一個正念提起來
比較常用的方法
就是念佛菩薩的聖號
因為佛菩薩的聖號
必然代表了
佛菩薩的圓滿功德
他們的智慧
他們的慈悲

我們念他們的時候
一方面是保持正念
一方面是對佛菩薩的圓滿功德

生起嚮往的心
不斷練習方法的時候
就可以從妄念中抽離出來
而安住在佛菩薩的聖號上
這種念佛的方法
對內心的安定
收攝和凝聚
效果也很明顯

但是
初學用功時
同樣地會面對
妄念和正念
斷斷續續的歷程

妄念多了
正念就斷了
正念提起
妄念就減少了
用功的時候
是要讓正念取代妄念
因為念
是心內層必然的一種作用
只是平時的慣性
妄念的作用
比較多比較強

用功的時候
發覺這些妄念
會讓我們的心分散
惱亂我們的心
也讓心沒有力量
所以用方法先凝聚
讓心不分散
依一個正念
做為心
收攝凝聚的所緣境

過程中
同樣地會斷斷續續
也可以用數隨止的技巧來練習
在稱念聖號的時候
把數目字

輕輕地放在聖號上
隨時讓我們
在心被妄念帶走時
可以很快地醒覺
把中斷的部分接續上去
漸漸地正念持續不斷
心收攝凝聚
安定和清明的作用
也慢慢地凝聚而統一

這就是從外在抽離了
往內收攝
達到凝聚的過程
所以方法的運用

在這個過程中
非常地重要
我們要把握善巧的方法來用功

這就是每一支香
在靜坐的時候
所用的方法
好好地去練習
持續性地用功
就能夠把心安定下來
讓收攝凝聚的
這一層功能發揮
再讓我們的心
能夠更深一層地往下修

# 制心一處

在靜態用功的時候
如果要更深入地
讓我們的心安定下來
那就要將
平時散在外面的心
收攝回來
當我們從紛擾的外境抽離了
還必須要有善巧的方法來用功
才能夠讓我們的心
因為方法的應用

有所安住

避開了對外的追逐抗拒
而往內收攝
在不斷地練習後
才能夠凝聚
讓心安止下來
所以
調心的工夫
在禪修的時候

要善巧地應用
要能把握到正確的方法
知道應用的技巧

因為我們的心
習慣散亂
習慣複雜
所以在對治的時候
就需要收攝
也需要簡單

開始用功時
不容易簡化方法
因為心內層的妄念

長期累積
所以呈現出
散亂和複雜的狀況
同時也煩擾惱亂了心

初學練習時
都會被這些妄念
不斷地帶走

但是
我們對方法有信心
堅持不斷地練習
慢慢地就可以
把心的這些慣性調好

在用方法的時候
要清楚地知道
應用的技巧
要清楚這個方法
怎麼運作
而方法在運作時
又是如何將我們的心
收攝在方法上

心是一個整體的作用
在運行的時候
因為外在的世間
呈現出各種複雜的狀態
它透過了不同的根與識

眼根耳根
鼻根舌根身根
對外的接觸
再加上內在的五識
還有中樞的意識
所以
心的功能就分散了

因為這樣的分散
接觸的外境很多
也很複雜
中樞的意識
在接受到這些訊息時
會將它們交雜在一起

再根據內外的判斷
做出了反應

當我們要安定我們的心
就必須要在這些作用中
找到一個
能夠讓我們的心
安止下來的作用
可以借用前五根
乃至內在的意識　意根
讓我們的心收攝在一個點
集中在一個境上
運用呼吸的方法

是依身根的觸覺
呼吸進出的時候
進出的部位會有觸覺
那個觸覺
就是我們所緣的境
我們的心
集中在那個觸覺上
依這個境的顯現
慢慢地把心持續性地
保持收攝集中
過程中
不管透過哪一個根
哪一個識
分散了出去

覺察了以後
放下方法以外的作用
回到方法

在初學時會斷斷續續
安住在方法的過程中
漸漸減少了中斷的狀態
增長了延續的作用
當工夫漸漸調上去了
就能夠持續不斷地
安止在方法上

方法很簡單
但是要清楚知道

我們的心是依
哪一個根的作用
哪一個識的作用
否則的話
就沒有辦法
把心收攝在方法上

如果在觀呼吸時
還是不斷地用妄念
用意識的作用
去想像它
或者想找它
當然
心就沒有抑制地

繼續地起妄念

對方法應用的技巧要清楚
運用的根和識
以及所緣的境
這些都包含在心的作用
只是我們借用了它
集中了我們的心
放下其他根識境的作用
心才不會因為其他的根識境
分散出去
我們才能夠真正透過
收攝集中
把我們的心

凝聚在一個根和一個境上

練習方法的時候
我們要知道
如果用的是念佛的方法
就把前五根和五識的作用
暫時放下
這個放下只是放鬆
然後不理會它
因為當我們的心
回到內層意識的念
做為所緣境時
心就會回到內層的作用
來練習方法

這個時候
心集中在佛菩薩的聖號
專注凝聚
當心和聖號相應
慢慢地凝聚而統一
心就能達到不亂的狀態

在這個過程中
除了用功的根和識
以及所緣境
其他根其他識
其他境的作用
還是不會中斷的
不過

因為我們知道心要凝聚在
所緣的境所用的根
所以方法以外的這些作用
都學習把它放下
或者至少不被它擾亂
心的力量
才能夠慢慢地
因為這樣地收攝凝聚
達到一種安定

這種安定的力量
就能夠讓我們的心
發揮所有的力量
制心一處的時候

就無事不辦
所有我們在修行
想要成辦的事
當我們的心
能夠制於一處的時候
就能夠繼續地深入向前
把我們想辦的事辦好

因為這個時候
你的心有力量了
它不再受干擾
就能夠直透
而發揮最大的作用
這也是靜態用功

重要的效果

第二層的凝聚深入
就達到一種定境
達到定的境界
能夠制心一處
而能更深一層地
去成辦學佛修行中
最重要的事情

# 專注覺照

靜態用功
凝聚心力
讓我們的心因為凝聚
而能夠制於一處
達到一心而不亂
就能夠成辦
包括解脫生死的大事
在凝聚心力的過程中
我們提到了方法的重要性

清楚地了解方法運作的善巧
知道如何把心
安住在所緣境
不斷地練習
所緣的境
是依身或心
哪一個根而運作
這個認知
也是運用方法時

關鍵的條件

因為在用方法時
若不知道以何根何識
緣什麼境什麼塵
來用功的話
我們的心
就無法清楚地知道
安住的點在哪裡
當然就不能夠發揮
收攝凝聚的作用

因此
在選擇方法時
就要知道這個方法
在應用時
是如何依根依識
而緣這個境發揮作用
這是方法
也是比較外在善巧

除了要把握
或是要把這技巧
應用得當
更重要的是
我們內在的作用
即是心本身的作用

在觀呼吸數呼吸時
心依身根的觸覺
緣呼吸的境
在方法運用的過程中
就借用這個觸覺
應用身根身識的作用
慢慢地達到心的一境

但是
我們的心
也必須要有它運作的原則
也即是
要用心的功能來運行

我們的心
其實有很重要的作用
但是一直以來
因為根識對外的分散
意根意識對內的雜染紛擾
所以心主要的作用
沒有很好地發揮

心的運作
本就具有定和慧的功能
這是屬於心本然性的作用
但是當我們的心
分門對外對內時
這些作用

就沒有很好地凝聚
也就不能發揮它
本然性一體的作用

在用方法時
心的專注和覺照功能
要能發揮出來
當我們用根緣境時
就是運用心專注的作用
安止在所緣的境上
在專注的同時
也很清楚地覺照

可能開始用功時

這兩個作用
還是不能凝聚
或是會分散地運作
覺知的作用
在日常生活中
一直在運作
但是當我們覺知
或者是心去緣某一些境時
它是處在一種不安定的狀態
跟著境轉

有時候會發現
我們的心對這個境
沒有去追逐

甚至處在一種
沒有覺知的狀態
心好像就比較安定了
可是這種安定
是沒有覺知的
是一種無記的狀態

我們在用方法的時候
很快地就可以覺察到
這兩種心的功能
可是會發現到
即使我們在用方法
有些時候
這兩個作用會分開

或者靠不攏

但是
在不斷地練習方法時
覺照的作用
也愈來愈敏銳
漸漸地就發覺
這兩個功能
能統一而一體地運作時
我們的專注就安定
我們的覺照就清明

當這兩者統一時
就是一心

不再被妄念干擾
雖然也很清楚地
覺察這些妄念
覺知這些妄念
但是心不動搖
心在不動搖的同時
又能夠很清楚地
覺照到自己完整的狀態

不論是在靜態用功
或是在動態用功時
我們練習的方法
就是要把心
本然性的定和慧

或是禪法中的默和照
統一起來
才能夠達到
制心一處而一心不亂

當我們的心
如斯運作時
並不是在心上加了什麼
而是讓我們的心
以它本然性的功能
自然地運作

在用方法時
也必須要清楚

我們的心
就是依這兩種本然性的功能
在應用這個方法
而方法的應用
就是為了要幫助我們
把本然性的作用
能夠凝聚
能夠自然地發揮出來

外在的善巧方法
內在的默和照的
本然性心理功能
在不斷練習方法時
凝聚統一

這就是禪修
要達到的基本的效果

只有在
心能夠
默照同時
定和慧一體地運作時
才能夠將心的功能
發揮到極致
即能自己解脫煩惱
也能應用善巧
去度化眾生

在練習方法時

要清楚知道
自己的心
專注和覺照的作用
有沒有發揮出來
有沒有能夠安住在方法上
這是用功的內在原則

不管我們是在什麼狀態用功
一定是專注和覺照
禪法的修行
止和觀　定和慧
默和照　靜和明
安定而清明
方法運作的時候

就是專注和覺照
實際上
在用功的時候
從禪法的角度
其實就是默照禪
在運用心理的
本然性功能
就是定慧一體的運作
當我們把握了
外在和內在用功的關鍵
在練習方法時
就能夠透過這個方法

# 達到禪修用功的效果
# 並完成禪修的目標

# 觸境不動

練習方法的用心處
其實就是默照
默和照
是心本然性的作用
默照同時
統一運作
即是心的本然性
但是
當我們的心
被分割成不同的作用時
默和照的作用
也就被分開了
練習方法
就是要透過技巧
把默照的功能
能夠完整自然地發揮
所以
在用方法的時候
一定要應用到

心的本然性作用

練習方法時
從比較表層的用功
專注覺照
專注的時候

心
集中收攝
在一個所緣境上
當它凝聚時
就可以定
安住在安定的狀態
而不動搖
這是一種默

用功的同時
又清楚地覺照到
方法

所緣的境
所用功的心

平時我們的心
也會有照
但是這個覺知的作用
不安穩
當我們把方法用上時
心就慢慢地安定下來
同時也在安定的過程中發覺
照的作用也會漸漸地

愈來愈清明
愈來愈敏銳
安住在默的照
愈來愈敏銳
清楚地照
也就能愈來愈安定

我們練習方法
抽離了凝聚了
就會進入到
默照同時的工夫
之前所用的方法
就是為了要幫助我們
從外在的紛擾

慢慢地內攝
轉入內心的安定和清明
這內心的安定和清明
它不是外來的
它是心本然性的作用

由外而內
當方法練習得好的時候
出離了外在的紛擾
然後凝聚我們的心
愈來愈安定
愈來愈清明
在面對種種的境顯現時
心不會再被動搖

心也更清楚地覺照

方法練習得比較好
能夠比較深入的時候
就進入到
默和照同時的運作
這時我們也知道
內心在用方法時
掌握了用功的原則
在進入更深一層時
就是默照同時
如果運用任何一個根
這個根與這個心
就統一了

如果在練習方法時
靜態中用功有所緣境
安定的力量
專注的作用
會比較明顯
同時也要提起覺照的心
以止觀雙運的方法運作

動態用功時
沒有一個固定的所緣境
整個的身根
都成為心所緣的境
當心緣身根
在動態中練習方法時

清楚地覺照
又能夠專注在動作
或是整個根身的作用
而漸漸地安定下來
心和身就會
在方法的練習中統一
這時會發覺到
默和照的作用
就同時運行著

進入到這程度
就一定處在默照同時
身和心統一的狀態
不論是靜態
或是動態
都如此

平時比較散的心
平時比較紛擾的外境
讓我們的心
在應對的過程中
衍生了很多的問題
我們的身心
也累積了很多的慣性煩惱
在用功的過程中
心就會慢慢地
漸漸地安定
漸漸地清明

默和照
漸漸地統一
比較完整而自然地運作

紛擾的外境
心在觸境時
敏銳的心是很清楚的
但清楚的同時
它也是安定的
不會被外境動搖
不會被煩擾

安定而清明的作用
在面對外境時

就會用比較正確的方法處理
因為默照同時的心
對一切因緣的判斷
會比較準確
一方面是比較清楚地看到
這些因緣的運作
另一方面
對一些看不到的因緣
也能夠了解
果是從因而生的
必然有它各方的因緣
所以
心處在統一狀態的時候
就不會被這些外在的因緣果報

干擾而惱亂

在處理事務
處理人際關係
處理各種人事問題時
安定的心就會在
不被煩擾
不被動搖的狀態
做出適當的回應
清楚覺照因緣
判斷準確
回應正確
隨順著因緣
那就不會留下後遺

或形成後有
輪迴下去

當身心
安定清明
默照同時
在觸境的時候
不會起分別心
不會起苦樂的回應
而產生了追逐
或是抗拒的行為
那就不會去取
不會去造作
就不留後遺

不留後有

但是
這並不表示
我們的心或身
沒有任何的回應
我們還是在世間相裡
過正常的生活
只是因為我們的心
安定了清明了

當我們能夠
在默照同時的時候
對所緣的外境

---

對所應該處理的事情
做出回應和行動的時候
就會隨順因緣
能夠完全做到的話
就不會再有後有
實際上
就是已經解脫了

我們在練習在禪修
慢慢地凝聚我們的心
慢慢地讓心和身能夠統一
默和照的本然功能
能夠同時一體地運行
即使沒有完全

達到解脫的境界
也能夠幫助我們
在日常生活中
減少造業的輪迴

禪修
進入到這一層次時
就發揮了很大的功能
除了在打坐時
在禪堂用功時
能夠保持在一種
安定清明的狀態
發揮了本然性的功能
因為這不是外來的

而是從內心引發出來的作用
所以它是可以持續地保持著

我們也要持續地
練習這個方法
讓這個工夫
能夠持續地運作
回到日常生活
就會發現到
我們的心
因為能夠這樣
它就自在得多了
處理事情的時候
就可以放鬆多了

因為內心裡
再也沒有
受到外境的煩擾惱亂
以往累積的慣性輪迴
也會慢慢減輕它們的作用

當我們用功
一層一層進入時
達到默照同時
身心統一的工夫
就會從禪修中
得到很大的受用
這也是我們用功
深入的層次

# 默照同時

在靜態用功
不斷地深入時
身心慢慢地凝聚
處於一種安定清明的狀態

深入就能夠達到
默照同時
統一的運作
內在的作用
如如不動

了了分明
這是心本然性的作用
顯現在外的
也是一種安定和清明
心也比較能夠隨時專注
對外境也能清楚地覺照

六根的作用
處在安定
比較敏銳覺照的狀態

在觸到一切境的時候
就是一種直覺直觀的作用
所觀到的
都是當下的因緣
心就能夠很安定
因為不停在過去
不追逐未來
在現在不斷流動的當下
就能夠時時安住
同時又不停駐在任何一個點

心比較內層的作用
對心念的生生滅滅
也一樣敏銳的直覺

妄念中有過去現在未來
種種的作用
心沒有停在任何一個點
卻同時非常清楚地覺照

處在這種狀態
如果是在靜坐中
就可以止於一境
或者深入禪定的工夫
如果是處在動態中
就能夠時時保持
身心統一的狀態

如果我們用功

能夠處於這樣的狀態
在生活上
就有了很多的自在
因為不再受制於
許許多多的束縛
心也不再被過去未來
種種的念和作用
煩擾惱亂

靜態中
因為止於定境
所以心就會有一種
安定寧靜又清明的喜悅
這種輕安境

---

是很多人會染著的
可能有一些人在修行時
也在追逐這種喜樂
一旦修到了
就容易耽於這種禪定的喜樂境

這個時候
身體的輕安
也是一種生理上的樂受
對樂有所追逐的人
就會停駐在這種現法樂
甚至長期只注意定
乃至深定
而不能捨離

那對動態的生活
會產生一種厭離的心理
會盡量逃避現實的生活

如果用上了這樣的工夫
可以將它轉化到動態中
讓生理心理
都保持在統一
默照同時運作的工夫
回到現實生活
以這樣工夫
來面對應對
現實生活中的一切

保持在直覺直觀的狀態
就能夠解除
現實生活中的問題
因為在這種狀態
去觀或直覺
現實生活中的一切
就不會停滯
就不會被束縛
而能夠比較自由地
讓心在流動中去應對
也正在流動中一切的現象

大乘的禪法
到禪宗的盛行

就是這樣的一種工夫
能在現實生活中
直接面對生活
依禪而應對的一種方式
因此
中國的禪
可以在生活中
去修去用
中國禪宗的禪師們
每天都在現實生活中
應用禪的智慧
來處理生活中的種種事物
這就是讓身心

在不斷練習方法時
凝聚了專注和覺照
讓心本然性的默照
可以同時統一地運行
靜態中用功能夠保持
但不進入到比較深的禪定
去享受禪定的喜樂
避免耽染於這種喜樂
而不能背捨
才能在動態的生活中
應用它去處理
種種事物和一些問題
讓現實生活的空間放大
有了更大的空間

當然生活中的很多事物與問題
就不再是問題
不再煩擾內心
不再引發種種煩惱的作用

這是我們靜態用功
比較深層的體會
讓心和身
時時處在安定
讓心覺照的作用
內在分明
外在敏銳
如此身心的狀態
當然就能夠

更好地應對和處理日常生活

中國的禪法
是能夠動靜一如
內外一致地運作
這是中國禪
其中一個特色

# 能所泯滅

在靜態的時候
練習方法
能夠達到心統一
心和身統一
如果繼續往內
就會進入比較深的禪定
如果放任六根
就會和外境達到內外的統一
統一的時候

一定是默照同時
一體地運作
默照
是心本然性的作用
能夠透過方法
自然地完整地運作
這就達到修禪
比較深層的工夫
如果將統一境

運用到生活中
在默照同時
一體運作的動態中
心如如不動
不被煩擾不被惱亂
對外境對身心
了了分明
對因緣對現行的果報
也清清楚楚
所做的判斷和抉擇
都能隨順因緣而運作
再處理日常生活
就能夠處理得
符合因緣的運作

減少造作和後有的問題

但達到這種境界
還不是真正的悟境
在默照同時
一體運作時
如果停留在這個統一境
仍是比較偏於定的工夫
不過我們的心
在這種統一的狀態下
是非常地安穩安定的
因此
統一的照
就會非常地敏銳

如果在當下直觀直覺
一切的因緣
安住的心
在剎那流動的當下
沒有住在任何一個境
而能夠隨順生滅的因緣
在安住中無住
在流動中不動

在當下
即覺照到生滅無常
因為一切都在流動
心非常敏銳地覺察到
剎那生滅的當下

無常
這個當下的因緣
即是當下具足整個身心外境

見到這個生滅的時候
即見到無常
在見到無常的時候
即悟到就是無我
因為一切現行的
因緣果報的現象
不斷地在流動變化
根本就沒有一個實體存在
所有看似實體的作用
也不過是

因緣不斷在流動中
組合的現行現象
所以不見有我
不見有我所
能見的我
所見的我所
當下就泯滅了

能所泯滅
就空去了
能所統一
默照同時的狀態
當下破了我見
那才是悟境

透過修禪的方法
我們的身心在不斷地
調和　放鬆　凝聚
統一的過程中
讓內在的作用
本然性的功能
自然而完整地運作
達到統一境的時候
能直覺直觀
當下因緣的無常
進而體悟到無我
禪修完整的歷程才完成
而達到禪修的終極的目標
而能體驗到悟境

空去了我
無去了我見常見
清淨的自性
在定慧一體的運作下
直心流露

靜態用功
持續地安定
乃至定的工夫
漸漸地深入
而能夠很安穩地
安定下來
統一的照的作用
更敏銳也更安穩

應用到日常生活中
在動態中運作時
身心和內外
不只保持著統一
同時
也是以無我的智慧
在觸境在應對一切的境
包括了生活中
種種的事物和現象
不會再有任何造業的行為
但隨順因緣
做出恰到好處的回應
所行的就是中道
不偏不倚

不會再輪迴流轉
生死的苦惱
也就息滅了

一切因緣
還是在生滅的過程中
但是開悟的心
能夠直覺一切的生滅
在生滅中
達到生滅滅已
寂滅為樂
完成了禪修的終極目標
個人的生死煩惱
就解脫了寂滅了

---

在修禪的時候
我們有一個很明確的目標
引導修行的方向
能在修行的過程中
次第地去進行
漸次地去完成

回到現實狀態
去直覺審查
自己當下現有的因緣條件
是在整個系統中的哪一個次第
那就隨順自己
所具足的條件來用功修行
應用適當的方法

把現前所能用功修行的次第做好
就能夠逐步地向上
漸次地去完成

# 大慈大悲

我們在靜態中用功
從抽離到內攝凝聚
漸漸地能夠達到統一的心
統一的心
可以和身統一
如果繼續往內深入
可以達到念念統一的定
乃至深定
如果靜態中用功

達到心和身的統一
在動態中
也能夠身心統一的運作
若再對外放任六根
觸境而融入
也可以達到內和外的統一
內和外統一的範圍
可以放寬可以很廣
但是

統一境
還不是開悟的體驗
對內是偏定
對外是心一境性
三昧的作用
這依然是世間法

對內耽於深定
就進入到禪定
不一定是與慧相應的工夫
對外的統一
也會漸漸地擴大
假如沒有智慧的話
這種統一境和煩惱

---

尤其是慢心相應的話
就是一種大我的感覺

有時候修定
也會與神通相應
或是展現神通的作用
如何應用神通
沒有智慧的人
假如又進入大我的狀態
用慢心來左右自己的行持
可能會發揮某一些力量
因而招攬到很多的信徒
但都會被外在的利益所驅使
經常就會成為新興的宗教

而自立為宗師
享受很大的福報
但是因為知見不正
又造作許多的因
而會招感到一些果報

對內深定
而以為自己已經沒有煩惱
長期耽染於禪修的喜悅
在定的力量消失了以後
還是會掉回煩惱裡
繼續輪迴
這些是我們修禪

一定要認知的歧途
否則走偏了
誤入了歧途
不能解脫
不能成等正覺
就失去了修學佛法
禪修的價值

因此
在統一心的時候
必須要同時運用默照的工夫
安定而敏銳地
照見五蘊皆空
直覺直觀

當下一切因緣生滅
是無常無我的
對自我中心的執著
能夠一心而空去了一心
達到無心

有了智慧
繼續保持身心
安定清明的狀態
可以將因貪瞋煩惱
而長期累積的習氣
一層一層地
消磨解除

對外的統一
能夠照見一切內外境
都是因緣生因緣滅
即是五蘊和合的
有情世間和無情世間
都是無常無我的
以智慧來引導統一的心
以無我來駕馭大我的境界
那就是菩薩的修行

與眾生統一
內依智慧而照見
就可以無緣大慈
同體大悲地運作

無時不在度眾生的行動上
又無時不在照見一切皆空
能夠度眾生
而知無眾生可度
雖知無眾生可度
而時時處處在度眾生

中國的禪
即是將大乘佛法的智慧
大乘佛法的慈悲
統一的運作
把大乘佛法
很高的慈悲精神
落實在現實生活中

在每天生活中所展現的
看似紛擾不平的世間
能用平等的心應對
也能在度眾生的紛擾世間
不平的世間中
放下自己不平的心
不被捲入煩惱
而能自在地將自己
能做應做的
度眾生的工作做好
歷代的禪師
就向我們展現了
如此的行持

我們在禪修的時候
對禪的完整系統
次第地運作
有了比較全面的認知
我們在修禪的時候
就能夠安住當下
安心用功

了解自己的狀態
自覺自己的次第
在用功的時候
就能夠比較順心順境
順於當下的因緣條件
好好地用功

# 自性清淨

在靜態用功的時候
我們漸次地修行
用禪修的方法技巧
用禪的原則
默照的本然性功能在運作

在漸次修行的過程中
從外而內
從粗而細
從散而專注

凝聚了統一了我們的心
默和照統一
直至統一的心與身也統一了
就處在一種
偏止偏定的工夫

在這樣的統一境中
身心的運作
能夠默照同時
放任了六根

就可以內外統一
繼續深入的話
就能入比較深的定

默照的方法
比較偏重在動態中
能夠保持身心統一境
對外開放的時候
就能內外統一
在這種統一境裡
會有大我的感覺
深入禪定的時候
會進入到比較內在的自我

假如還是在統一境裡
這個我還在
必須要在默照統一境裡
直覺直觀到
一切法的流動
無常
沒有實體
所以無我無我所
那就可以體驗到悟境

沒有悟境的話
大我如果與煩惱相應
就會有很大的我慢心
可能可以發揮一些功能

但是也會走向歧途
所以必須要清楚地知道
也要對佛法的知見了然於心
那就會趨向悟境
而不停滯在大我
而引伸我慢的境界

對內
可能可以入於深定
但是會停滯在深細的自我
也可能以為已經解脫了
曾有一些修行的人
入四禪而以為證四果
結果就出問題了

因此
禪宗不強調入深定
但是在其禪法中
有一項殊勝的法門
雖不入深定
但也進入深層的內心
這個方法
是中國祖師開發的
開始是用公案
公案記載著前輩祖師的
開悟的過程
所以要去參究
到底這些前輩祖師們

見到了什麼而能開悟
有師生之間的應對
老師如何印證學生開悟了
學生到底見到了什麼
老師依什麼來印證他

這個方法
在禪宗興旺的時候
相當地普及
而且禪師為了讓弟子有一個
比較明確的方向
就應用了如來藏的思想
告訴禪修的人
內在有一個所謂的真我

或無位真人
或如來智慧德相
這種種的施設
都是為了要幫助學生們
有一個非常明確的目標
修行的方向才能夠確定

這種思想
在大乘佛法中
非常地重要
因為它把證到如來
所會生起的
所具足的功德
將它從果德轉到因地來談

明確地告訴修禪者
有如此的如來果德
本來具足
含藏於每個眾生的心裡
只要眾生能夠不斷地
把長期覆蓋的
煩惱雜染的作用清理了
如來的果德就會自然顯現
它幫助弟子　學生們
建立了一個具體的目標
所以
參究公案的人
實際上
是借用公案的內容

往內去探究深參

後來更有祖師
把它簡化了
只取公案裡關鍵的句子
做為話頭
在統一境時
繼續往內心去參究
但不是進入到深定
參究的時候
心是處在一種活動
安定清明的狀態
心不會偏於默或者是止
而掉入深定

在用功的過程中
許多的禪師
終於發現到
所謂具體的目標
只是一種善巧方便
幫助修禪的人
確定了用功的方向而已

不斷地往內
不斷地把種種雜染
清理脫落
引動了內心的疑情
凝聚成疑團
把疑團打破

終於見到本來面目
也就是見到生命的本質
即禪宗所謂的自性
不管是自性本質
或是本來面目
都是與法相應的
是無常　無我　空

在運用無常　無我　空的時候
是用世間的名相
用其他的真我　真如　如來
也都是名詞
即使是空
也只是一個名相

當修行的人確定了方向
修行用功的過程中
終於打破疑團的時候
親自見到了本來面目
見到了本地風光
當時是怎麼一回事呢
見到的人
心裡了然清楚

當他要傳達這個訊息時
他的直心
也是從清淨的自性
直接流露的語言文字
老師是過來人

就會明白

這兩個方法
在中國禪宗
是漸漸地形成的
雖然在禪宗很興旺時
還有其他不同的善巧方便
但是默照和話頭
從禪傳入中國的時候
基本的方法
就是這兩門
但是
可以應用不同的技巧發揮

後來的祖師
慢慢地把它們整理出來
比較明確地提出了
這兩個方法的觀念和運作
成為了現在
我們用功的方法

但是
我們在練習
在抉擇方法時
必須要先建立在一個
安定穩定的基礎上
即是
心的統一

心和身的統一
乃至內和外的統一
在統一境裡
直覺
觀無常無我
或是往內參究本來面目
都是在制心一處時
成辦開悟的大事

靜態用功
是一個完整系統的運作
而且次第清楚
方法只是一個善巧
在用功的過程中

重重深入

自己在練習方法時
呈現出不同的狀態
也即是
在不同的次第上用功
用功的原則
所依的根本原理
方法的應用
順著次第而行
隨著自己身心用功的條件
所處的程度
自覺了而依序地用功
必然會完成

用功的終極目標
這就是我們完整的禪修

智慧人 38

# 拜佛禪

Chan in Prostrating to the Buddha


| | |
|---|---|
| 著者 | 釋繼程 |
| 編者 | 釋常慧 |
| 出版 | 法鼓文化 |
| 總監 | 釋果賢 |
| 總編輯 | 陳重光 |
| 編輯 | 張晴、林蒨蓉 |
| 封面設計 | 化外設計 |
| 內頁美編 | 小工 |
| 地址 | 臺北市北投區公館路186號5樓 |
| 電話 | (02)2893-4646 |
| 傳真 | (02)2896-0731 |
| 網址 | http://www.ddc.com.tw |
| E-mail | market@ddc.com.tw |
| 讀者服務專線 | (02)2896-1600 |
| 初版一刷 | 2020年11月 |
| 建議售價 | 新臺幣380元 |
| 郵撥帳號 | 50013371 |
| 戶名 | 財團法人法鼓山文教基金會—法鼓文化 |
| 北美經銷處 | 紐約東初禪寺<br>Chan Meditation Center (New York, USA)<br>Tel: (718)592-6593 Fax: (718)592-0717 |

法鼓文化





國家圖書館出版品預行編目資料

拜佛禪 / 釋繼程著. -- 初版. -- 臺北市：法鼓文化, 2020. 11

面 ； 公分

ISBN 978-957-598-868-5（平裝）

1.禪宗 2.佛教修持

226.65 109013766